ヨイショする営業マンは全員アホ

1%だけが知っている禁断の法則

宋《そん》世《せ》羅《ら》

飛鳥新社

はじめに

書籍でもセミナーでもYouTubeでも、世の中には綺麗事《きれいごと》の茶番営業ノウハウが溢れかえっています。


「商談の前の雑談で、お客様との距離を縮めなさい」

「小さなイエスを積み重ねて、お客様から契約のイエスを引き出せ」

「お客様の腕時計を褒めなさい」

「お客様の家にある絵画や骨董から、会話の糸口を見つけなさい」

「かばんはハンカチの上に置きなさい」


私も、営業を始めたばかりの頃は参考にすることもありましたが、これが全く現場で通用しない。どういうことやねん、と。


そもそも、私はそういった営業本の著者を、

「お前、ほんまに営業やってたんか？」

「ほんまにゼロからドブ板営業やってたんか？」

と疑っています。社長同士ですでに話ができ上がっていて、あとは営業マンが表敬訪問

するだけみたいな綺麗な営業しかやったことないのか、そもそもマジで何もやったことがないのか。そうでなければ、こんなに綺麗事だらけになるわけがない。

あるいは、かっこつけのブランディングでやっているのか。

「自分はお客様のことを思って、綺麗な営業をやっています」と見せることで、イメージアップさせるメリットがあるのかもしれない。

実際、私も野村證券時代にいくつも営業研修セミナーを受けたけど、講師たちが話す内容は「お前、ほんまにそれで金もらってんのか？」というようなものでした。現場を駆けずり回ってる営業マンたちは、みんな鼻で笑っていたと思います。


ちなみに、もしも私がビジネス系ユーチューバーとして大ブレイクしたとしても、上場企業の営業研修には絶対に呼ばれないと思います。

商品をガチで売ることは教えられる自信があるけど、お堅い上の人からしたら「そんな生々しいこと言うな！」みたいに思われてしまうはず。間違ってもそこで「ゴリついて行け」とは言わせてもらえないわけです。

実際の営業現場で結果を出してる奴はみんなゴリついてやっているのに、そういう現実がほとんど語られていないんですね。

大手の証券会社や保険会社でトップ営業マンだったような人がよくノウハウ本を出しているけど、そんな大きな会社でそれだけの数字を出していたなら、ほんまはどぎつい営業をしまくってると思うんですよ。

細かくは書きませんが、非人道的なことだって少なからずやっているはず。それなのに現場では通用しない綺麗事だらけの教科書を書いてしまうんだから、一言で言ってしまえば、それはウソです。

今回、私が本を出そうと思った理由もそこにあります。

私は、野村證券で4年働いた後、生命保険のフルコミッション（完全歩合制）営業マンとして3年、現在は、保険営業のかたわら、YouTubeチャンネル『宋世羅の羅針盤ちゃんねる』で営業術を紹介するビジネス系ユーチューバーとしても活動しています。

生い立ちから説明すると、生まれ育ったのは、大阪市生野区。ご存知の方もいると思いますが、治安悪め、貧困率高めで、その分、非常に人間味のある人が多く、色んな意味で面白いディープな街です。

中学校はボロボロに荒れまくっていました。マンガみたいな話ですが、中学生なのに授業中にタバコを吸っている奴がいて、それを先生が怒れない。というのも地域柄、そいつの親がヤクザかもしれないと、ビビってるんですね。

私は、生まれながらに、あのカリスマホストのローランドと同じくらいオーラを放っていたので、案の定、そんな不良たちからいじめられていました。しんどい中学生時代でしたので、頑張って勉強して中の上くらいの高校に行きました。

いじめてくる不良もいない高校で、私の青春は爆発しました。久しぶりにエサを与えられた鯉のように、24時間イキり倒して、3年間で勉強をした記憶はゼロ。なので、もちろん、合格できる大学はなく浪人生活に。私を含め、当時仲がよかった同級生6人組で、近くの予備校に通うことになりました。

ですが、予備校の午前中の授業が終わると昼寝をして家でゲーム。親にバレるといけないので、夕方になったらブックオフに行き、夜、疲れたふりをして家に帰る毎日でした。ドラクエの経験値はたくさん稼ぎましたが、浪人1年目を終えた時の偏差値は30～40のまま、全く変わっていなかった。結果、一緒に浪人をした仲間6人のうち、私だけがすべての大学に落ちるわけです。

全くアホな話ですが、私はこの時に初めて現実を知りました。合格祝勝会にも呼ばれないし、かける言葉がないという感じで距離を置かれるようになってしまった。人間が「勝ち組」と「負け組」に分かれるという構造を目の当たりにしたわけです。

努力していないんだから当たり前なのに、一丁前に死ぬほど落ち込んだ。そんな時、ぼんやりと眺めていたテレビに映ったのが、ハンカチ王子こと斎藤佑樹さんです。彼と私は同い年なんですね。

親に高い金を出してもらって浪人してるのに勉強もせず大学に合格もできないクズ野郎と、高校野球で大活躍して早稲田大学に進学、カメラのフラッシュをパシャパシャと浴びる国民的スーパースター。

「なんでこんなに違うねん」と、心臓を直接握られて、揺さぶられたような感覚になりました。その瞬間、「俺も同じステージに上がってやる」と早稲田大学を目指す決意をしたのです。今思えば、ここが私の人生のターニングポイントだったと思います。

高い予備校代をもう1年払ってくれとは言えません。なので、2浪目の勉強場所は、家の近所のマクドナルド。朝9時から夜9時まで365日、小さなテーブルに参考書や赤本を積み上げて必死で勉強して、なんとか早稲田大学の人間科学部に引っかかることができました。

斎藤佑樹さんに憧れていたので、早稲田大学ではもちろん野球部に入りました。どうせやるからにはプロを目指してやろうと思っていたのですが、この野球部というのがなかなかにヤバい場所だった。

もちろん練習量もすさまじく、入部から2ヶ月で新入部員の半分以上が辞めていきました。ただ、そんな過酷な練習よりも厳しかったのが上下関係です。早稲田の野球部には、新入部員の変なしきたりが8000万個くらいあります。「先輩の前でジュースを買っちゃいけない」「先輩と同じ電車に乗ってはいけない」といった理不尽で意味不明なルールがほとんどでした。

肝心の野球では、3年生の時に1軍のユニフォームを着て練習試合で登板することもあったのですが、公式戦には一度も出られたことはありません。4年生になると後輩に追い抜かれてずっと2軍。野球選手としての限界を知ります。


野球を諦《あきら》めたので、一般就職することにしました。でも、まだ完全にイキっていて、社会のことなんて何も分かっていなかった。

大学に何社からか採用担当の人が就職説明に来ていたんですが、「うちは福利厚生がいいよ」とか「ホワイトで上司ともまったりだよ」といった具合に、学生に媚《こ》びている感じがしたから、やっぱりサラリーマンはショボそうだなと思ってたんです。

そんな中で、一社だけ雰囲気が全然違う会社がありました。

開口一番、「お前ら、一生懸命部活やってたかもしんないけど、社会はそんな甘くねーからな」「根性あって自信のある奴だけ連絡してこい」みたいな。それが野村證券でした。

当時は私も頭が筋肉だったので、「俺が行く場所はここだ！」と、すぐに連絡をしたわけです。

「なぜ野村證券に入ったのか」とよく聞かれるんですが、理由は完全に「感覚」。なんとなく早稲田の野球部と同じ匂いがした。ここだったら、今までと同じギラついたトーンでいけるなと思ったんです。実際、新入社員の8割が私と同じように、イキった体育会系の奴らでした。

広島支店の配属となり、私の営業マン人生が始まりました。

毎日毎日、ゴリゴリに飛び込み営業をしていくんですが、会ってくれるお客様は誰もいません。同期は1件、2件とどんどん成果を上げはじめる中、私だけずっとゼロ。

それまでは、「俺がナンバーワンになるでしょ」とイキっていましたが、完全に心を折られました。支店に帰っても「期待はずれ」「お前はハッタリだな」などと言われる始末で、悔しすぎて社員がいっぱいいる中、フロアで号泣したこともあります。まあ、それだけ本気でやっていたんですね。

そんな始まりでしたが、失敗と成功を繰り返しながら、それからずっと、営業マンとして色々なことを考え、学んできました。そういったことをYouTubeで発信するようになったら、「こいつ、おもろいな」と言ってくれる人が増えて、開設から約半年で、登録者数は11万人を超えました。

私は別に東大に行ったわけでもないし、早稲田の野球部で活躍したわけでもありません。野村證券でも保険の営業マンとしても、私より優秀な人はたくさんいるし、トップユーチューバーでもない。

ですが、今まで自分がしてきた決断や、現在やっている心得については、一生懸命考えてやってきたことだという自負があります。ずっと営業の現場を這いずり回って泥水をすすってきたし、きっとこれからも泥水をすすっていきます。

この本は『宋世羅の羅針盤ちゃんねる』で紹介した営業ノウハウや営業マンとして培った人生論に加えて、新規の書き下ろしも加えています。

私の実体験から得た営業術は、いわゆる教科書おじさんの営業ノウハウとは全く違ったもの。

営業マンに対する世間のイメージに「胡散《うさん》くさい」「信用できない」「怪しい」といった

ものもあると思いますが、お客様が営業マンに対して違和感を覚えるのは絶対に「不自然さ」が原因なんです。その不自然さがどこから来ているかを紐解くと、冒頭に挙げた綺麗事の茶番ノウハウにたどりつく。

そんなものを参考にしようとするから、ぎこちなくなって、営業成績も上手くいかないのです。

もっと生々しい、ほんまのことを言うのは都合が悪いのか？　だったら――

「茶番じゃない、現場の営業教えたるわ」

宋世羅

ヨイショする営業マンは全員アホ　目次

PART 1

教科書通りの営業から脱却せよ

PART 2

結論、成功できるのはドブ板営業マンだけ

PART 3

〝売れる〟人間力を生み出せ

PART 1

教科書通りの営業から脱却せよ

1 それ、現場でやったらただのアホ

営業について書かれたビジネス書や新人研修で教えられるノウハウは、現場と乖離《かいり》していることが少なくありません。行動心理学などをもとに「こうするとよい」と言われる営業スキルの中で、私のこれまでの経験から現場で絶対にやってはいけないことが五つあります。

オウム返しは、アホだと思われる

まず一つ目は、オウム返し。

たとえば、「この前、なんか変なセールスが来たのよ」と言っているお客様に対して、

「大変な思いをされたんですね」「大変な営業マンに会われたんですね」と、同じ内容で返

すようなことです。

オウム返しすることでお客様が落ち着き、親密になれると推奨されていますが、これは間違い。**こんなことをやってる優秀な営業マンは一人もいない**。それ「俺が言ったことやん！」と、お客様から頭の悪い奴に思われてしまう可能性が高いので、絶対やってはいけません。


似たようなことで、ミラーリングというものがあります。

たとえば、お客様がお茶を飲んだタイミングで自分もお茶を飲んだり、お客様が顔を掻《か》いた時に同じように顔を掻くなど、お客様の行動を真似るというものです。

しょうもない本には、これをすることで「親近感が湧く」とか「敵意がなくなる」と書いてありますが、**これも全部ウソ。そんなことをしていたら営業の本質から外れていきます**。

実際の営業の現場でこんなことやっている人はいないので、このオウム返しやミラーリングのような理論はガン無視してください。

取ってつけた雑談はすぐにバレる

野村證券に入った時のマナー研修での話です。どこかの家のリビングの写真を渡されて、「目についたもので雑談するとしたら？」という授業がありました。

横に座っていた奴が手を挙げて、「このリビングには絵があります。絵に興味があるかどうかを聞いて、それで雑談をします」と言ったら、研修の先生が「よく気づいたね。素晴らしい」と褒めるような茶番劇があったんですけど、こんなもの実際の現場では全く役に立ちません。

アイスブレイク（本題に入る前に緊張をときほぐすための手法）のために雑談にもっていくということなんですが、これを真に受けて、実際にお客様の家に飾ってある壺《つぼ》を見つけて「壺とかお好きなんですか？」と切り出しても、まず上手くいかないでしょう。

自分が本当に壺に興味があるのならいいですが、ただ雑談のきっかけとして、取ってつけた話をしてもお客様にすぐバレます。

お客様もバカではないので、**そんな見え見えの雰囲気づくりの会話をするくらいなら、雑談なんてしないほうがマシ。**

「分かりません」はあり得ない

三つ目が、正直に「分かりません」と言うこと。これ、実際、めちゃくちゃ多いと思います。

新人だからお客様に聞かれて分からない時は、正直に「分かりません」と言えと教える人が結構います。私も1年目は分からないことが多かったので、「分からないことは正直に分からないと言います」と、ドヤ顔で言ってたんですが、これめっちゃ間違いなんです。

まず、自分の専門分野であれば、「分かりません」はあり得ないということが大前提にあります。

私は今、保険の営業マンをしていますが、保険のことを聞かれて「分かりません」と言ったら、負けです。自分の専門分野で「分かりません」と言うのなら、仕事をしないほうがいい。

もし、それが不動産についての質問ならば、私は保険営業マンなので正直に「分かりません」と言いますが、保険のことを聞かれて「分かりません」と言うのは、ただの勉強不足。一瞬で信頼を失うので、アウトです。

とは言っても、むちゃくちゃ細かいことを聞かれたケースや、ド新人で何も分からないまま現場に出ていることもあるでしょう。なので、**本当に分からないことを聞かれた時の対処法というのもあります。**

それが、「それは分からないですね」という言い方。

これをやるには雰囲気が大事です。「(私はプロだから基本的に全部分かるけど、そんな細かいところを質問してくる人はあなたしかいないから、どんな保険マンでも分からないので)それは分からないです」という、ニュアンスをどうにか出してください。

どうしてもというのであれば、「持ち帰って調べておきます」という感じでお答えしておけば、次に繋げることができます。分からないことは正直に「分からない」と言え、という教えを真に受けてはいけません。

一度断られたら、次はない

四つ目は「営業は断られてなんぼ」というもの。断られても断られても何回もアプローチしまくれといったわけの分からん格言ですが、営業マンは断られたらダメなんです。

営業マンが商品を提案して断られたら、そこでもう終わり。

お客様にとっても、断ることは気持ちいいことではないのでストレスがかかります。商品を提案して断られるというのは、営業マンもお客様も、両方にとってアンハッピー。ましてや、そのアンハッピーな状況から、断られてなんぼなのでもう一回ゴリゴリに提案しますなんていうのは本当にアホな話で、ノーはノーなのだから、そこで終了です。

経験上、一度ノーを出したお客様がイエスに変わることはほとんどありません。

好きな女の子に告白してフラれた時に、「どうしても好きだから、なんとしてでも俺と付き合ってくれ」と、もう一度告白したところで「熱意が伝わりました。じゃああなたと付き合います」とはならない。

断られたらそこで終わり。なので、断られないために色々と考えて行動すべきというのが私の持論です。

「小さなイエスの積み重ね」も×

五つ目は「小さなイエスを積み重ねて、お客様のイエスを引き出せ」というもの。どういうことかというと、営業マンがお客様に答えやすい質問をしてお客様のイエスを取っていき、その小さなイエスを取り続けているうちに、最後に契約という大きなイエスが取れるという教えです。

営業のノウハウ本やセミナーなんかに、こういうわけの分からんこと言う奴がたくさんいるようですが、こんなものは通用しません。**意味不明を通り越して、ギャグを通り越して、もはやオカルトの域。**

たとえば、営業マンが喫茶店でお客様と面談しているシチュエーションを想定してみます。

営業マン「今日は暑いですね」
お客様「はい」
営業マン「アイスコーヒーでよろしいでしょうか？」

お客様「はい」

営業マン「面談時間は1時間ですが、お時間よろしいでしょうか？」

お客様「はい」

営業マン「今、ここでヘッドスライディングしてください」

お客様「はい」

……ってなるわけがない。

こんなの、小学生がよくやる「ピザって10回言って」「ピザピザピザピザ……」「(肘《ひじ》を指差して）ここは？」「膝《ひざ》」「ブブー！　肘でした〜」っていうゲームのノリと全く同じ。

お客様もそんなにバカじゃない。営業マンと対面して商品を買うかどうかシビアな判断をする時に、「ピザって10回言って」のノリで「イエス」と言うわけがないのです。

実際はそんなに簡単な話ではないし、営業の本質を全くとらえていない戯言《たわごと》です。

そんなことは、お盆で帰省した時に親戚の姪《めい》っ子にやればいいことで、それを営業に当てはめるというのは、茶番にもほどがある。

2 雑魚な営業マンほど、自分の型を崩せない

契約していただくために、お客様に対して商品の説明をするのが商談です。お客様と膝を突き合わせてしっかりとお話しするわけですが、「こんな商談をしている奴はセンスがない」という特徴がいくつかあります。

まずは、自分の言いたいことと、お客様の要求に対する返しのバランスが悪い営業マン。どういうことかと言うと、営業マンにはもっていきたい自分の流れというものがあります。最初にこれを言って、これを聞いて、ここでニーズを喚起して……という具合にある程度決まった型があるんですね。

できれば、営業マンはこの自分の型通りにやりたい。一方でお客様側にも、望んでいることや聞きたいことがあります。センスのない営業マンは、このバランスが上手くとれな

いのです。

自分の言いたいセールスのことばかり話す自己中野郎か、もしくは相手の求めていることを返すばかりの愚痴《ぐち》聞きホステスのパターンか、このどっちかになっている。

ここのバランスを上手くとることが大事で、相手の求めていることにも対応しながら、営業マンとして伝えたいことも伝える必要があります。

型を外す対応力

このバランスをとるために必要になってくるのが、型を外す対応力です。

途中でお客様が面倒くさそうにしていたり、飽きてきていると感じたら、次はこの説明を入れる予定だったけど変更して一気に結論まで言っちゃおう、というように、お客様の反応を見て自分の型を崩せるかどうか、これが重要になってきます。

野球にたとえると、自分が直球に強いバッターだとします。できればストレートを打ちたいので、ストレート待ちをしているのですが、**相手のピッチャーが変化球を投げてきそうだったら、瞬時に変化球待ちに変更する。**その場の反応を見て対応を変えられる、臨機応変さを持てるかどうかということですね。

センスのない営業マンというのは、自分の型を崩せません。たとえば、お客様がちょっと面倒くさそうな表情だぞという状況でも、なりふり構わず自分の型通りの説明の順序でずっと話し続けてしまう。

特に、経営者相手の商談となると、こちらの型通りに進むことは少ないです。自分の勝ちパターンには当然もっていかなければいけないですが、その型通りにいくことは少ないので、臨機応変にその場で対応しなければなりません。

ガチガチに決めてかかるのではなく、頭を柔らかくして商談に臨むべきなのです。

一気にぶった切って、本題に戻す

経験上、年配の経営者の方に特に多いのですが、商談中に話題がコロコロと変わることがあります。趣味のゴルフの話をしていたかと思えば、本題の保険の話になり、さらに社長の本業の話になって、またゴルフの話に戻って……というような。

話題が散らばりまくったまま時間だけが過ぎ、営業マンとしてこちらが言いたいことが何も言えてねぇ〜という状況ですね。センスのない営業マンは、このように話題が散らばったままの状態で帰ってきてしまうことがあります。

普通、友達の恋愛相談ですら、何かしらの結論は出して終えるだろって話なんですが、このように話題がコロコロと変わってしまう時に、どうすればいいのか。

正解は「一気にぶった切って、本題に戻す」です。

具体的には**「すみません、本題のところなんですが」**と、**一気に真面目モードに切り替えてしまう。同時に雰囲気もガラッと変えていく**のがポイントです。

この時、ちょっと気が弱い営業マンだったら、趣味の話で雰囲気がよくなっているのに急に本題の真面目な話に戻していいのか、不安かもしれません。

でも、こう考えてみてください。**保険の営業マンである私が、保険の商談でアポを取ってお客様と会っているのだから、本題である保険の話をしなければ、それは罪です。**お客様も私という保険の営業マンと会う時間をつくっています。逆に礼儀として、本題の話はしっかりとしなければいけないのです。

プライドを持つ場所を間違えるな

主導権を握るところと渡すところが逆、というのも商談センスのない営業マンの特徴です。

たとえば、商談の前に**「学生の頃、ボクシングのインターハイで金メダル取ったんですよ」などと、どうでもいい雑談でイキりちらしておいて、**いざ商談になると、めちゃめちゃ弱気なチワワになってしまう営業マンがいます。

これは、自分が過去にやってきたどうでもいいことのプライドで会話の主導権を握ろうとしているわけですが、現在プロとしてやっている仕事では全く主導権を握れていません。なぜこういうことが起きるのかというと、プライドを持つ場所を間違えているからです。そういったプライドに対する感覚が狂っている奴は営業センスに表れます。

学生時代にやってきたことだとか、会社のトップセールスで成績がいいだとか、そういったことはクソどうでもいい話なので、そこで主導権を握る必要はありません。ただし、プロとしてやっている以上、商品の提案や商談に関してはプライドを持って絶対に主導権を握ってください。

商談の最後には、覚悟と責任を示せ

商談の最後は、お客様に向かって、

「この商品がいいと思います」

「選択肢は二つありますが、○○さんにとってはコレがいいと思います」

というふうにクロージングの言葉になりますが、私はこの商談の最後の言葉をプロポーズのようなイメージで考えています。プロポーズをする時って「絶対に幸せにするから俺と結婚してくれ」と言い切ると思うんですよね。要するに、覚悟と責任を示さないといけないということです。

センスのない営業というのは、このプロポーズという最大の局面においても、あわよくば相手から告白してくれたらいいのになぁというスタンスでいたりします。

商談の最後には、必ず営業マンから覚悟と責任を示さなければならないのです。

3 お客様の信頼を失う行為

「営業マンは信頼が一番大事」とよく言われますが、これに関しては本当にその通り。金融商品という目に見えない商品や、高額商品を扱う営業マンは、信頼がほぼすべてなんです。そんな中で、これを言ってしまう、やってしまうとお客様からの信頼をなくしてしまう言動が三つあります。

ポジションを取らなければ信頼を失う

たとえば、自分がガンになったとします。抗ガン剤治療を受けるべきか、あるいは放射線治療を受けるべきか、どちらがよいか医者に聞いた時に「いやぁ、どっちもどっちで……私の口からはなんとも……」と歯切れの悪い返答をされたら、その医者に対する信頼は一瞬でなくなると思うんです。

こちらだって、どっちもどっちだなんてことは分かっている。その上で一人の医者として、あるいは一人の人間として、プロのあなたが本音ではどう思ってるんだ？　ということが聞きたいわけです。

それについて、ポジションを取らない、言い切らない人は信用されません。

なぜ言い切らないのかを紐解くと、結局は責任を負いたくない、自己防衛に走っているからなんですね。言ってしまえば全く優しくない。優しいふりをした悪魔だということです。

特に、商談相手が経営者の方だったりすると、こういった責任逃れやはぐらかししか考えていない奴は一瞬で切られます。歯切れの悪さが信頼を失わせるのです。

とは言っても、コンプライアンスの問題などで、言い切れないことも多々あります。そんな時に使えるテクニックがあるのでお教えします。

それは、「言い切れないことを言い切る」という方法です。

たとえば、お客様から、AとBのどっちがいいですかと聞かれた時に、まだ言い切って

しまうとまずいという状況があったとします。前述したように、もちろん返事をはぐらかすわけにはいきません。なので、

「結論を言ってしまうと、どちらとも言い切れないんですよ」

という言い方になるわけです。

私はいつも自分の考えたことをズバッと言い切る人間です、しっかりポジションを取る人間です、と。ただ、その私が、今回は「どちらとも言い切れない」というポジションを取っています、ということを伝えるわけです。

ポイントは、最初に「結論を言ってしまうと」という文言をつけること。確固たる自信を持って「ポジションを取らないというポジション」を取ったというニュアンスを相手に伝えるようにしてください。

レスポンスが遅いと信頼を失う

次に信頼を失う行為が、レスポンスの遅さです。これはイメージがつきやすいと思うのですが、**お客様からの電話やメールの返事は早ければ早いほどいい。レスポンスが遅い営**

業マンは、なかなか信頼値が積み上がっていきません。

信頼値を上げるためには、大きなことをしたり、すごくトリッキーな工夫をするよりも、対応を早くするといった、当たり前のことをいかに当たり前にこなしていけるかが大事です。小さなことの積み重ねが信頼値として積み上がっていくわけです。

「レスポンスが早い」「安心感がある」「信頼できる」「仕事ができる」「年収が高い」。これらはすべて「＝」で繋がっていると思ってください。

とはいえ、レスポンスが遅れてしまうことも当然あります。数時間前に社長から電話がかかってきたけど取れなかったとか、時間が経ってから着信に気づいたという場合は、当然こちらから連絡することになるわけですが、この時に一言目に話すといい文言があります。

電話先に相手が出た瞬間、開口一番に「すみません、今、面談が終わりました」と言うのです。

つまり、「私はいつもレスポンスに関してすごく意識している営業マンですが、面談があったので社長からの電話に出ることができませんでした。面談が終わってすぐに折り返していて、あなたへの優先順位は高いです」というニュアンスを伝えるのです。
こういったフォローのニュアンスをしっかり伝えるのも一つのテクニック。ともかく、レスポンスが遅れれば、信頼はどんどん失われていってしまうのです。

結論から言わなければ信頼を失う

私は今、保険の営業をしているのですが、たとえば「学資保険って、入ったほうがいいですか?」とお客様に聞かれたとします。これになんと答えたらいいかというと「学資保険には入ったほうがいいです」か「学資保険には入らないほうがいいです」の二択。このどちらかです。

センスのない営業マンは、「いや、学資保険というのは……」と、保険の仕組みを説明したり、「あなたのご家庭の場合……」などと、状況を説明してしまうのですが、「学資保険に入ったほうがいいですか?」と聞いているということは、**お客様が求めている答え**

は、イエスかノーかの二択なんです。

相手が求めていることに答えられるかどうかは、本質的なものです。**結論から言えない人間は、相手が求めていることに答えられない人間ということ。**言ってしまえば、空気が読めていません。

お客様の立場で考えれば、求めていない事柄をだらだらと話されるのはイライラするし、面倒くさい。こういう営業マンは信頼を失います。

聞かれたことに対しては、まず結論から。デメリットや不確定要素などを伝える場合は、相手が求めているイエスかノーかを先に出して、その理由や説明でぼかしていくといいでしょう。

4 飛び込み営業の極意

どうすればドアを開けてもらえるか

飛び込みというのは、アポイントも何もないところから、いきなり家や会社を訪れてお客様になってもらう営業方法です。私は現在はやっていませんが、野村證券時代は死ぬほど飛び込み営業をしていました。

さぼっている時間もありましたが、少なく見積もっても年間2万件。新人の頃は、一日150件はやっていたと思います。

ビジネス関連の書籍には、色々な「飛び込み営業の極意」が書かれていますが、何万件とインターホンを押してきた私から見れば全部綺麗事。実際にやったことのない教科書おじさんが書いているようにしか見えません。

飛び込み営業に関しては特に、語られているノウハウと現場に大きな乖離があると思っています。

教科書おじさんのノウハウ本には「100件飛び込めば、2〜3件はお客様になってもらえる」と、よく書かれていますが、これはウソ。見積もりが甘いです。

実際の確率は200件のインターホンを押して、そのうち1人お客様になってもらえるかどうか。

実際にやっている人なら分かると思うんですが、飛び込み営業って、想像以上にめちゃくちゃ泥くさい。お客様からヒアリングをして、相手の要望を見極めながら運用計画を立てていく……というようなスマートな世界ではないんです。

飛び込み営業の最初の目標は、どうすればドアを開けてもらえるかです。

いきなり押しかけているわけですから、はじめはインターホン越しにお客様と話をすることになります。そこから玄関まで出てきてもらって、ドアを開けてもらい対面するわけですが、そのハードルがめちゃくちゃ高い。まずはドアを開けてもらうことに100%注力しなければなりません。

野村證券に営業マニュアルはない

実際に、私がインターホン越しにどんなことを話してドアを開けてもらってきたか、その方法をご紹介していきますが、これは何万件と飛び込みをしてきた私がトライ&エラーを重ねて見つけた方法論です。

野村證券でも、「最初はこう言え」などと教えられません。決まった文言やマニュアルなどは一切なく、上司からは「自分で考えろ」と言われていました。

はじめに私がやってみたのが**「今、こういった商品を取り扱っていて、このエリアを順番に回っております。この商品ご興味ありませんか?」**という感じ。

そもそも、飛び込み営業なんて確率ゲームなので、出てきてもらえないなんてことは当たり前なのですが、これは全くダメでした。

文言が悪いのではと思い、次に**「株を売りに来ました！」**と正直に言ってみたらどうなるねん？　と考えました。ピンポーンと鳴らし、「野村證券の宋です。株を売りに来ました」と正面突破を狙ったわけですが、これも全然出てきてもらえません。

これは困った。正攻法でやっても、なかなか出てきてもらえないと思ったので、次にとった作戦が**「口《くち》パクパク」**です。

インターホンの通話ボタンを押すと、こちらの様子がモニターに映りますが、カメラに向かって、声を出さずに口をパクパク動かせば「インターホン壊れてるんとちゃうかな？」と、ドアを開けてくれるんじゃないかと。正攻法でダメだったので、トリッキーなことをやってやろうと考えたわけですが、結論、これもあまり効果はありませんでした。

私も、マニュアルがない中で色々試して、編み出さないといけないわけです。「口パクパク」ではトリッキーさが足りないと考え、**「首カクカク」**も試しました。インターホン越しに首を前後にカクカクしたら、「インターホンの画面がおかしくなってんのかな？」と、お客様が出てきてくれるんちゃうかっていう、まあ、「口パクパク」を発展させたものです。

左右ではなく前後に動かすのは、何百件も首を横に揺らすと気持ちが悪くなってしまうから。で、これも誰も出てこなかった。「首カクカク」はあかんなぁということが、分かりました。

第一印象はいくらでもひっくり返せる

こうして、ドアを開けてもらうために様々なフレーズや奇策を試していった結果、一つの文言にたどりつきました。

それは「それっぽいことを言ってそうだが、意味不明」というもの。

具体的には**「野村證券の宋です。エリア担当をすることになったので、ご挨拶に来ました。名刺だけでも受け取ってもらえませんか」**と言っていました。

「エリア担当になったので、ご挨拶に来ました」って、実は意味不明なんです。ただ、なんとなくそれっぽいことを言ってるだけで、お客様からすれば、知らない奴に挨拶と言われても……って話ですし、そもそもエリア担当ってなんやねんって話じゃないですか。

これで、お客様がすんなり玄関まで出てきてくれれば儲けものですが、多くの場合は

「何の用？」とインターホン越しに返されます。それにどう返すかというと、また「エリア担当です、ご挨拶に来ました」と言えばいいのです。お客様もまた「何のご挨拶？」と返してくるので、そう言われたら「エリア担当です」と答えるんです。

何を言われても「エリア担当です」「ご挨拶に来ました」の二択で返し続ける。つまり、あえて会話をしないということです。会話にならないということで「面倒くせえな」と出てきてもらうこの方法が、現実的には最もドアを開けていただける確率が高かった。

ド新規の飛び込み営業の実態って、こんな感じです。

お客様にヒアリングをして、ニーズを喚起するというようなスマートな営業のイメージは、実際に対面できてからの話。もちろん、会ってからはしっかりした営業をしないといけませんが、会うまでがめちゃくちゃ泥くさい。

極端かもしれませんが、お客様からどう思われるかというのはすべて無視していいです。第一印象なんてものは、後からいくらでもひっくり返せます。まずは、インターホン越しに何と言えば、ドアを開けてもらえるか。その確率を0・1％でも上げていくことが、「飛び込み営業の極意」についての私の結論です。

5 口が勝手に動くまでトレーニングせよ

私は社会人になってからずっと株や保険の営業をしています。つまり、目に見えないもの、形のないものをお客様に提案してきました。

説明をすることが難しい商品をたくさん取り扱ってきたので、説明に関しては、めちゃくちゃ自信があります。**公園でバッタに相対性理論を説明しても、理解させることができるんじゃないか**と、それぐらいのレベルだと思います。

そこで、具体的なテクニックを含めて、説明が上手くなるノウハウをお教えしたいと思います。

お客様の反応に１００％意識を向ける

結論を先に言ってしまうと、説明が上手くなる方法というのはトレーニングしかありません。つまり、努力で9割方は解決できる。場数を踏めば踏むほど、説明は上手くなっていくので、とにかく練習することです。

その練習方法ですが、たとえば、ある商品を売ることになったとして、どうやって説明すればお客様に理解してもらえるかと考えながら、実際に口に出してつぶやくこと。これは、今も私がずっとやっていることです。

お風呂の中でも、この保険についてもっと分かりやすい説明があるんじゃないかと、架空のお客様を想定しながらブツブツブツブツやっているわけです。

このトレーニングをやると〝説明する〟ことに余裕が出てきます。つまり、自分がどんなふうに説明しようかと考えながら話す必要がなくなり、相手の反応だけに100％意識を向けられるようになるんです。

たとえるなら、もしバンドでドラムを演奏したとして、自分がリズムを刻むことだけで精一杯になっているか、それともギターやベースの音、なんなら会場の雰囲気にも耳を傾けられているか、くらいの違いがあります。

なので、自分の口が勝手に動いているくらいのイメージで、その商品について説明できるようになるといいと思います。

その上で自分の意識は、商品を説明することではなく、お客様のほうに100%向かせます。相手の表情や仕草を見ながら「この部分、あまり理解されていないないな」とか「早口すぎて、ついてきていないな」と気づけるようになるレベルまで、事前にトレーニングして鍛えておく必要があります。

【総論→結論→理由・詳細】の順番で

次に、説明する時の順序です。具体的には、まず総論を話してから結論、最後に理由や詳細を伝えるようにしています。

たとえば、映画『スパイダーマン』がどんな映画か全く知らない人に説明するとします。まずは総論なので「ヒーローもののアクション映画」です。次に「ヒーローが悪いことをする怪物をやっつけて、ハッピーエンドで終わる映画」と結論を伝えてから、最後に「ある日、男の人が蜘蛛《くも》に刺されて、蜘蛛の能力を持つようになった」という『スパイダーマン』の特徴を言い表す詳細・理由部分を話すと伝わりやすい。

間違っても、第一声で「ある日、男の人が蜘蛛に刺されて……」と、話し始めてはいけません。人に何かを説明する時は、まず総論を出してぼんやりしたイメージをつけさせてから、詳細を説明していくのです。

保険で言えば、第一声は「保険というのは、将来お金に困らないために掛けるものです」というこの総論からです。保険のことが全く分からない人に対して説明するには、ここから始めなければいけないのです。

「ここまで大丈夫ですか？」と聞く

ここから先は細かい話になるのですが、「保険というのは、将来お金に困らないために掛けるものです」と言われて、分からない人はほぼいないと思います。ここまでは理解できる。この時、あえてお客様に「ここまで大丈夫ですか？」と聞いてみてください。

お客様はきっと「あ、大丈夫です」と答えると思います。

この難しい商材に対して、第一声が「理解できた」となれば、お客様は「分かる、分かる」という感じで、前のめりに食いついてくる。つまり、聞く姿勢になっていただけるんですね。

はじめに簡単な総論を話して「分かる」流れをつくって、お客様を乗せていくというのも一つのテクニックです。

冒頭に「分かりやすく言うと」をつける

テクニック的なところをもう一つ。これはいやらしくならない程度、バレない程度でやらないといけないんですが、説明をする前に「分かりやすく言うと」とつけてみてください。「説明がとても上手いこの私が、今から分かりやすくお教えしますよ」というニュアンスを相手に伝えるんです。

人は印象や権威性にかなり左右されています。たとえば、実際にはそんなに話が上手いわけでもないし、説明が上手いわけでもないのに、プロの講演家のような肩書きを持つ人がバーッと話すと、「ああ、やっぱり分かりやすい」「さすが講演家だな」と感じる人がいます。実際そんなものなんです。ある程度、言ったもの勝ち、伝えたもの勝ちなところはあるので、上手く利用しましょう。

冒頭に「分かりやすく言うと」をつけることで、「分かりやすい」という印象と権威性が生まれ、相手にとってそれが「分かりやすい説明」になるというわけです。

6 ヨイショはするな

経営者や大物に好かれる方法

野村證券時代のお客様は大体が富裕層、現在の保険営業でも一部そういうお客様がいらっしゃいます。

社会人1年目、2年目くらいの方や主婦の方に好かれるのと、経営者や大物に好かれるのとでは、論点が全く異なってきます。経営者や大物に好かれるにはどうしたらよいのかについてお話しします。

まず一つに、褒め上手になることですが、たとえば社長が「会社を立ち上げて20年、やっと売り上げ30億になったよ」と言ってきたとします。

ここで営業マンは社長を褒めなければいけないわけですが、その褒め方にセンスの違いが出るわけです。

褒め方が下手な人は、「社長、すごいですね〜。売上30億ですか⁉　大きい会社ですね！」と、へらへらと全力でヨイショします。

ですが、これでは全くセンスがない。薄っぺらい奴だと思われて、今後その社長に会うことは難しくなるでしょう。記憶にすら残してもらえません。

褒め方が上手い営業マンならばどうするか。たとえば、

「なるほど。社長に男気があって、決断力があるのはそういうことだったんですね」

というふうに、真面目にまっすぐ相手を褒めるのです。

「私も職業柄色んな社長さんに会いますが、決断力のある社長とそうでない社長で分かれます。自ら会社を立ち上げて、叩き上げで何十年もやってきた、その生き様から出るオーラは、私みたいなペーペーから見ても分かります」といった感じです。

経営者や大物を褒める時のポイントは次の三つです。

①真面目な雰囲気でまっすぐ褒める
②他の社長とあなたは違うと伝える
③自分なりに考えた本質的な部分を褒める

「頼られる」と「褒められる」は同義

たとえば、それほど仲がよくない高校時代の同級生にいきなり連絡をして、「保険入ってくれない？ 俺、今月ノルマやばくってさ」と言えば、おそらく私のことを一瞬で嫌いになり、縁が切れてしまうと思います。

もちろん、人にもよると思いますが、一般の人は、「頼られる」ということに関してネガティブな感情を持ちやすいものです。

一方、経営者や大物はここの感覚がちょっと違う。**こちらが頼ることで信頼を感じて嬉しくなり、「こいつ、カワエエ奴やな」という感覚になりやすい傾向があります。**

というのも、経営者や大物は、器の大きさと金銭的余裕が桁違《けた》いだからです。

どういうことか。たとえば、サラリーマンの方でも、めちゃくちゃ可愛がっている後輩から急に呼び出されて、

「すみません。こんな悩みを打ち明けられるのは○○さんしかいません。実は親が介護の状態でお金が必要で……。10万円貸していただけませんか？」

と言われたら、確かに10万円は痛いけど、嬉しい気持ちになると思います。つまり、10万円の価値よりも、頼られた嬉しさのほうが上回るということです。

「人に頼ることは悪いこと」と思っている人は結構多いと思います。確かに、一般の方を相手にこれをやってしまうと完全にアウトです。

でも、ある程度こちらも好かれているのが前提にはなりますが、相手が器の大きい経営者や大物にとっては、頼られることが褒められることと同義だったりするわけです。この感覚を理解している人は案外少ない。

もちろん、相手を見てやる必要はありますが、それを理解して上手く頼ることで、相手からより好意的な印象を持ってもらえることがあります。

聞かれた場合のみ、ハッキリ意見せよ

適切な場面で自分の意見をしっかりと言うことも大切です。

実は経営者や大物ほど、イエスマンを求めていません。

サラリーマン社会であれば、なんでも「その通りです」「はい」というかばん持ちのような人間が好かれるかと思いますが、経営者や大物というのは、たとえば営業マンのような、自分とはコミュニティの違う者と付き合うことになった時、イエスマンだと付き合っていても面白くないし、存在感を感じないのです。

かといって、聞いてもいないことについて、ああだこうだとガタガタ言ったり、否定するような奴も好かれません。

では、どうすればいいか。意見を聞かれた場合のみ、しっかり自分の考えを言えばいいのです。

たとえば、経営者から、「最近のアメリカ経済どう思う?」と聞かれた時に、一番やってはいけないのが、「昨日のニュースでは○○と言ってました」というような、浅～い一

般論を語ること。全く面白くありません。

「アメリカ経済どう思う？」と聞かれた時には、面接を受けているイメージで答えてください。

その時に自分なりの意見をしっかり考えて、**ポジションを取った物言いをハッキリできるかどうかが分かれ道です。その時の思考の深さや話す雰囲気、内容などを見て、相手はこれから付き合っていくかいかないかを判断している**わけです。

経営者や大物に好かれるためには、適切な場面でしっかりと自分の意見を言えなければいけません。

7 最初の雑談はすっ飛ばしてもいい

営業マン向けの書籍やセミナーには、営業中の雑談についてのノウハウがよく語られていますが、はっきり言って綺麗事ばかり。実際の現場では使えないことが非常に多いです。営業における雑談の現実とそのノウハウについて、実際のところをお話ししていこうと思います。

雑談において大事なことは二つあります。

まず一つ目がタイミング。いつするのかということです。

教科書通りにいくと「まずはじめに雑談をしましょう」というのが答えかと思います。いきなり商品の提案や本題の話をしてしまうと引かれてしまうので、お客様との距離を近くするために、雑談でアイスブレイクをしましょうということですね。

実は、これは理想論のおままごとちゃんです。私の経験上、通用しないことが結構あります。

お客様が優しくて最初から聞く態勢ができているのであれば、はじめから雑談に乗ってきてくれるとは思いますが、そうじゃないお客様も現実問題としてかなりいます。

特に、経営者やビジネス感覚が強めの人は「早よ、要件言えや」といった感じの人も多いですし、そもそもどこの馬の骨かも分からない初対面の営業マンと、雑談をする気なんてさらさらないというような人もいます。

こういう人たちに対して、教科書通りに「まず雑談をしましょう」と始めてしまうと、レッドカードで一発退場となってしまうのです。

こういった**雑談を受け入れる雰囲気がない相手の場合は、いきなり本題を話すのがいい**と思います。要するに、雑談はすっ飛ばして、本題を切り出す時の勢いや雰囲気であったり、しっかり内容を相手に示すことで、**営業マンとしてのキレや戦闘力を見せつける**わけです。

言い方は少し悪いかもしれないですけど、最初にそこで一回折っておかなければ、スタートの土台にすら立てないということが少なくありません。

だから、こういった**難しいお客様を相手にする時は、いきなり自分の最強の必殺コンボを叩き込んでください**。そこで自分の戦闘力を認めてもらえれば、話を進めることができるようになります。

はじめに他の営業マンとの違いを出して「こいつとだったらちょっと話す価値はあるな」と思っていただければ、「お前、この仕事やって何年だ?」といったふうに、お客様のほうから雑談を切り出してくれることもあります。

極端な例で言えば、いきなり本題から入って、契約まで終わって初めてお客様と雑談になるというパターンもあります。なので、雑談のタイミングはいつだと決めてかからないほうがいい。

もちろん、最初からスムーズに雑談ができるならそれでいいのですが、実際はそうはいかない人が結構いるので、相手によって変えていく必要があります。

お客様を笑わせるネタをストックせよ

次に大事なのが、雑談の目的を意識すること。ただ単純に、お客様と趣味の話をわちゃわちゃすればいいというわけではなくて、どんな目的で雑談をするのかを考えてなければ意味がありません。

雑談の目的はいくつかあるのですが、一つは「お客様と打ち解ける」ことです。

そのために**最初に狙いに行くのは、お互いに笑い合う状況をつくること**です。

人間関係において、距離を一気に縮めることができる一番の行為は、同じタイミングで笑い合うこと。なので、まずは全力でお客様を笑わせに行きましょう。

「笑わせに行く」と聞くとハードルが高いイメージを持たれる方が多いと思いますが、そこは準備でなんとでもなるというのが私の持論です。

どういうことかと言うと、私であれば、これだけ営業していると、もうお客様から第一印象で言われることとって、大体決まってくるんですよね。

一番多いのが「なんか、いかにも営業マンぽいですね」とか「背が高いですね」とか。

本当にもう2000万回ぐらい言われているんですけど、そのように自分が持たれているイメージをデータとしてストックしておいて、それに対する返答をあらかじめつくっておくわけです。

たとえば、お客様から「いかにも営業マンって感じですね」と言われた時に、私がどう返答してるかと言うと、

「それだったらまだいいですよ。この前、若い女性のお客様と面談した時にプテラノドンに似てるって言われましたから」

「プテラノドンって知ってます？　ジュラシックパークとかに出てくる空飛ぶ恐竜っす」

と、こんな感じです。

その時のお客様の反応はだいたいたい何パターンかに分かれます。

一番多いのが「ん？」という感じですね。笑っていいのかなというような感じで、堪《こら》えていることが一番多いですけど、**そこで「今、堪えてません？」と畳み掛ける。**

この返答のパターンも五つぐらいあって、お客様のタイプによって使い分けています。

さらに言うと、私の返答に対する反応によって、畳み掛ける方法も何パターンも準備しています。

これまでの営業で経験してきた、返答の仕方やたとえ話は全部ストックしておいてください。その準備をしておけばなんとでもなるので、まずはお互いが笑うというベストの状態を狙いに行きましょう。

「先生、教えてください」のパターン

ただし、中には雰囲気的に笑わせるのが難しそうなお客様ももちろんいます。これは全然無理だなと、こうなった時にどうやって距離を縮めに行くかと言うと、共通の話題で仲よくなるというやり方があります。

これは、営業本やしょうもないセミナーでも言われてることですが、実際の現場でもめっちゃ効きます。共通の話題で盛り上がると、確実に距離が縮まるんですね。なので、笑わせることができなそうなら、共通の話題を探しにいきましょう。

とはいえ、この共通の話題すら見つからないという場合もあると思います。たとえば、男性でバリバリ体育会営業マンの私とは真逆の女性のお客様が目の前に座っていて、共通の話題が何もない。さらに、笑わせる雰囲気でもないというような状況で、最後にやる手段が「先生、教えてください」パターンです。

たとえば、その私と真逆のお客様の職業がネイリストだとしましょう。なおさら自分の専門外で、全然分かりません。そんな時に使えるのが「〇〇って実際どうなんですか？」という、先生教えてくださいパターンなんです。

要するに、相手の土俵であるネイルを題材に雑談をしに行くわけですが、ここにもまた営業マンのセンスが出てきます。

センスがない営業マンは、「実際、両手ネイルしたらどれくらいかかるんですか？」みたいなことを、聞いてしまう。美容に興味がなさそうなバリバリ男性の私みたいな営業マンがそれを言うと、お客様は「全然興味ないくせに、無理やり近寄ろうとして話しかけてきているな」と感じてしまうはずです。

では、どう聞けばいいかというと、たとえば、

「やっぱり美容系のお仕事をしている方って、私のような営業マンと対面した時にも、相

手の爪や髭を気にして見られたりするものなんですか？」

というように、専門外の美容のことを聞いているんだけども、本当に自分が知りたくて聞いていそうなことを質問するんです。

教えてくださいパターンは、無理やり感やウソっぽさが出ちゃうとまずい。なので、一見興味がなさそうな相手に寄った題材であっても、自分にとって本当に興味のあることを聞くことがポイントです。

自慢話は、必ず自虐ネタの後に

先ほど、雑談の目的を意識しろと言いました。一つ目の目的はここまでご説明してきた「お客様と打ち解ける」ということですが、二つ目が「営業マンの権威性を上げる」というものです。

お客様と趣味の雑談で盛り上がって話しやすくなるのはもちろんいいことなのですが、それだけで終わってしまっている営業マンが多いと思います。でも、それはもったいない。

できれば、この雑談中に営業マンの権威性を上げることを狙いに行きましょうというのが、二つ目の目的です。

どういうことかというと、雑談中にお客様に「この営業マン、優秀かもしれない」とか「この営業マン、ちょっと普通と違うな」というイメージをつけてしまうのです。

どうすればそれができるのか。**結論から言うと「いやらしくない程度に、自虐ネタの最中に自慢を入れる」**という方法があります。

たとえば、先ほどのプテラノドンのくだりで言うと、

「私は女性のお客様からプテラノドンに似てるとよく笑われるんですが、その割に女性のお客様は結構満足して保険加入していただけるんですよ」

みたいな感じに言うんですね。これ、「プテラノドンみたいな見た目をして笑われる」という自虐ネタの後に、「満足して入っていただけるお客様が多い」という自慢を入れています。

私が言いたいのは、**自慢をする時は最低でも必ず自虐ネタの後にしましょう**ということ。今、自虐ネタを入れずに自慢ばかりする営業マンが、大量発生してるんですよね。特

に保険業界には「俺、トップセールスだから」「会社でこれだけ成績を出していて」みたいな、お客様が聞いてないような自慢をごちゃごちゃ言う奴がたくさんいます。

たしかに、言ったもん勝ちという側面も、あるっちゃあります。そんなに営業マンと接していないお客様からすると、「この人はトップセールスマンなんだ」と真に受けて、それだけですごいと思ってしまうことも現実問題としてはあります。

ですが、私の印象だと、この「言ったもん勝ちブランディング」は**もう5万年前にはすでに終わっていて、**今はなかなか通用しないという感覚があります。なので、もし自慢するのであれば、必ず自虐ネタを言ってから。

もしくは、**少しでもいやらしさが伝わりそうなリスクや危険性があるのであれば、別に雑談でイキる必要はないので、権威性を上げること自体を放棄してしまっても構いません。**

8 契約成立した後にこそ雑談せよ

クーリング・オフの対処法

学校の家庭科の授業でも習いますが、日本には、契約後の一定期間において消費者からの一方的な契約解除が認められるクーリング・オフという法制度があります。

営業マンであれば、いったん契約をしたお客様から、「やっぱりやめるわ」と、途中解約されたという経験が少なからずあると思いますので、そこをどう阻止していくかをお教えしたいと思います。

そもそも「クーリング・オフしたい」と言われないために、契約後にやっておくべきことが二つあります。

一つ目が、契約が決まり、契約書を書いてもらった時に、「今後とも何卒《なにとぞ》よろしくお願いいたします」と、頭を下げること。

契約をしたということは、お客様は内容に満足している状態です。その上で、営業マンからバカ丁寧に「今後とも何卒よろしくお願いいたします」と頭を下げられたら、お客様はどんな行動をとると思いますか？　私の経験上では１００％「いえいえ、こちらこそよろしくお願いいたします」と、軽く頭を下げます。

これをすると、たとえるならば、電車でおばあちゃんに席を譲った時のような感じになります。あれって、席を譲られたおばあちゃんはもちろんハッピーですが、席を譲った側もなんとなくハッピーな気持ちになるんですよね。

このあたたかい空間をつくっちゃうと、お客様は「やっぱり他のところで契約するわ」とか「やっぱり解約したい」と言いづらくなります。

契約した相手の決断力を褒める

二つ目にしておくべきことは、契約後の雑談です。

雑談というのは、最初にお会いした時にするというのが定石ですが、最初の雑談はやろうがやるまいがどちらでも構いません。ただし、契約成立した後には、必ず雑談をしてください。

とはいっても、スノボの話のような趣味の話をしても何の生産性もない。契約をしたその商品に関連した業界の話だったり、関係性のある話題で雑談をするというのがポイントです。

たとえば、お客様に保険に加入していただいて、契約書を書きましたという段階では、こんな雑談をします。

「先日、ある50代のお客様と生命保険の面談をしまして、その保険を気に入っていただけたので、契約の流れになったんですが、実はそのお客様がちょっと前に大きな病気をしていて、結局保険に入ることができなかったんです。

よくよく話を聞いてみると、病気のご経験から保険の加入を考えて私と面談することを決めたとおっしゃったんですが、ただそのように必要性を感じた時にはすでに病気をしていたので保険に入れませんでした。

今回、○○さんは健康なうちに正しい決断をされたと思います。そもそもこうやってスパッと決断をされる○○さんは、紹介の方から聞いていた通り優秀な方だなと思いました」

こんな感じになります。お客様に伝えるポイントは二つ。

一つは**「この契約をしたあなたの選択は大正解です」と念押しをすることで「ああ、自分はいい決断をしたんだ。正しい契約をしたんだ」と、安心感を与える**こと。

そして、もう一つは**「その決断をしたあなたは素晴らしい。優秀だ」と、お客様を褒めるんです。**

「私も保険の営業をやってきて、いつも保険自体の有用性はよく分かっていただけるんですが、スパッと決断できるお客様って案外少ないんですよ。それに比べて、○○さんは、決断力があってすごいですね」

という感じでワーッと褒めると、お客様も満更でもないという感じになります。

なぜこんなことをするかというと、契約後に営業マンからここまで褒められると、「やっぱり不安になってきたので解約します」と後から言い出しにくくなるんです。

ちょっとセコいやり方ではありますけど、契約後に、その契約の決断を褒めることで、後々のお客様からのクーリング・オフ、または他社に奪われるといったことの可能性を減らすことができます。

「解約したい」の切り返し法

しかし、それでもやっぱり解約したいと言われてしまうことはあります。

ここからは営業マンが実際に解約を切り出された時にどう切り返したらよいか、具体的なフレーズをお教えしていきます。

まずは、自分とお客様との関係性が濃いのか薄いのか、そして解約の意志が固いのか、変なネットの記事を見て一瞬魔が差しているくらいなのか、その違いで営業マンがどう切り返していくべきかが変わってきます。

まずはお客様との関係性が濃いが、魔が差して解約したいと言ってくるパターン。友達に変なことを吹き込まれて気が迷ってしまって、「やっぱりやめる」と言ってきたような場合です。

これにどう返すかというと、**「まぁ〜た、そんな冷たいこと言う〜」**がいい。

これは、先ほども言ったようにお客様との関係性が濃いということが前提になります。関係性が濃いので、お互いの人間性もある程度分かっている。その、人間性が分かっている人から「そんな冷たいこと言わないで」ということをやんわりと伝えるのです。

これが経験上、一番止まります。

「まぁ〜た、そんな冷たいこと言う〜」と言われると、お客様は「あ、俺冷たいこと言ってるのかな？」という気持ちになるわけです。そこから「何があったんですか？」と解きほぐしながら、解約をしない方向へと一緒に進めていきましょう。

センスのない営業マンは、「いやいや、それは困ります」「解約しないでください」「勘弁してください、このまま続けたほうがいいです」と、かくかくしかじかとゴリゴリに止めにいってしまうんですけど、それは逆効果。

解約間際の「押しの営業」は逆効果

次に、お客様との関係が濃くなく、解約の意志も固い場合ですが、実際はこのパターンが一番多いと思います。

「もう絶対に解約するんで」「解約したいです」と、お客様の意志も固そうだと。こうなった時に営業マンはどんな切り返しをすればいいかというと、まずは「解約ですね、分かりました」と受け止めましょう。そして、実際に会いに行って、解約を止めるために改めて引きの営業から入るのです。

具体的には、実際に解約用紙を持っていき、お客様に見せてしまいます。

「解約用紙を持ってきたので、見てください。こうこうこうで、最後にお客様の名前を書けば、解約になります」と、解約までの道筋を先にお客様に理解させてしまうわけです。

そして解約の手順を説明して安心させてから、「ただ、名前を書く前に、一点だけ申し上げてもいいですか？」と、ここで解約を思い止まらせるセールストークにもっていきます。

先ほども言いましたが**「絶対にやめないでください」とオフェンススタイルでゴリゴリに止めに行くのは逆効果**です。フランクにいけないお客様で、かつ解約の意志が固い時は、絶対に引きの営業から入らないといけません。

先に解約までの道筋を見せて、安心させてからでないと、まず解約を思い止まらせるのは難しいでしょう。

9 クレームは100%受け止めろ

クレーム客をファンにする方法

株というものは、上がるか下がるかの二択です。株を取り扱う証券マンであれば「あなたがいいいと言った株で損したんだけど！」などのクレームは、誰でも受けたことがあると思います。

そんな時にどう対応したらいいか。クレームをつけてくるお客様を自分のファンにする方法というものがあります。これは営業マンだけでなく、接客業の方や、彼女や奥さんと喧嘩《けんか》した場合にも使えるテクニックなので、ぜひ参考にしてください。

まず、クレームの結果には三つのパターンがあります。

①対応後、信頼を失い、関係が終わる
②対応後、誠意が伝わり、今まで通りの関係が続く
③対応後、信頼値が上がり、お客様がファンに変わる

多くの営業マンは、クレーム対応をしたけれど、結局喧嘩別れして離脱されてしまうという、この①のパターンになっていると思います。

もちろん、どうせクレーム処理をするのであれば、狙いたいところは③のパターン。そんな魔法使いのようなことができるのかと思われるかもしれないですが、できます。

お客様が怯むまで、自分を殴る

クレームから転じてお客様をファンにするためには、五つの工程があります。

まず一つ目は、クレームを100%受けること。たとえば「あなたから買ったパソコン、すぐ壊れたじゃないの！」「アホ！」「詐欺師！」といった具合に、はじめからお客様が怒り狂っているとします。

この時やりがちなのが、「お気持ちは分かるんですが、その部分に関しては……」「おっしゃる通りなんですけど、事前に説明しましたよね？」という感じで、どこかで否定してしまうこと。容疑は認めるが、一部否認という形ですね。これをやってしまう人がとても多い。

結論、これはセンスがない。

これをやってしまうと、お客様をファンにすることはできないので、**どれだけ理不尽なことがあっても、一番最初の段階では、「本当に申し訳ございません、１００％私の責任です」とすべてクレームを受け入れてください。**これが第一工程です。

次にするのは、自分で自分を殴ってください。もちろん、物理的に自分の顔にグーを入れろという話ではありません。

どういうことかと言うと、100％クレームを受け入れた上で**「○○様にこれだけ迷惑をかけて、私は人間のクズです」「ビジネスマンとして、生きる価値がないです」「つきましては、明日会社を辞めます」「地元に帰って、ゼロからやり直します」**と、まあ、ここまではないにせよ、仮にクレームのお客様にこのようなことを言うと、どうなると思いますか？　怯《ひる》むんですよ。

「別に、そこまで言ってないのよ」

「あなた……ちょっとダメージ受けすぎじゃない？」

という感じに隙ができる。

これが狙いなんです。これが第二工程です。

そして第三行程。お客様が怯んで、隙ができた段階で初めて営業マンが主導権を握ります。**「大変恐縮ですが〇〇様、これだけは言わせてください」**と、こちらが弁明する状況をつくりだします。

「お互いがマイナスになります」

ここからが第四工程。この段階で初めて営業マンとして弁明をしていきます。弁明するのにもポイントがあります。

「そうは言ってもお客様、先週の火曜日にお会いした際に説明書の○ページのこの部分を確認しましたよね？」

といったふうに、事細かに正論を突きつけてしまうと、後々にファンになってもらえません。どう言えばいいかというと、超抽象的に弁明するのです。

先ほどの、パソコンのクレームでたとえるとこうです。

「私は〇〇様のことを思って、本気で仕事をしました。本当にいいと思ったパソコンだからこそ、〇〇様にご提案したんです。騙《だま》そうというようなつもりは、さらさらございませんでした。〇〇様にとって本当にいいと思ったからこそご提案させていただいたんです」

と、このように抽象的に説明するんです。具体的な話にしてしまうと、言った、言わないの水かけ論になり、こじれていってしまうので、ここでは「〇〇様のためを思ってオススメしたという気持ちにウソはないです」と、超抽象的に弁明してください。

ただし、この弁明だけではお客様はファンにはならないので、この後の第五工程に移ります。

次の例文はこうなります。

「今回は私のミスでこのような事態になり、本当にすみません。今、○○様と担当者である私は対立している状態で、この関係をつくったのは100％私の責任です。

○○様は私の大事なお客様ですから、この件で○○様と私の関係が途切れてしまうと、大事なお客様を失うことになってしまいます。それは個人的にも、会社としてもとても悲しいことです。

そして、○○様にとっても、私を失うということは、長い人生の中でマイナスになると思います。誰にとってもマイナスでしかありません。

そこで、対立構造をつくった私が言うのは大変恐縮なんですが、この構図を、今から私と○○様が同じベクトルに向かっていくようにできないでしょうか」

つまりどういうことかと言うと、**「今、対立しています」という構図を、まずお客様に認識させる。**

その上で、「ここで離れてしまうと、全員がマイナスになります」「それはよろしくな

い」「一緒の方向に行けば、将来お互いにプラスなります」と断言しちゃうんです。

半ばパワープレイでもあるので、センスが出るところでもあるのですが、クレームというマイナスから、がっちりとスクラムを組んで一緒にやっていきましょうとプラスに転じさせること。これがクレーム対応の秘訣《ひけつ》です。

10 大口と小口を同様に扱ってはいけない

昔の演歌歌手が言った「お客様は神様です」という有名なフレーズがありますが、**当たり前ですけど「お客様はお客様」。それ以上でもそれ以下でもありません。**けっして神様ではない。

では、お客様とどのような距離感で接したらいいのか、私の持論をお話しします。

対応の差は絶対に必要

まず、大口のお客様と小口のお客様の対応の違いについて。

もちろん、**大口にはビタビタに対応して、小口には対応しない。これは当たり前の話**です。

私もかつてそうでしたが、社会に出て日が浅い戦闘力弱めの新入社員とかだと、「小口をないがしろにしてはいけない」みたいに言ってしまいがちなんですよね。

でも、こう考えてみてください。**マクドナルドで300円のハンバーガーを買ってるのに、ビタビタの対応をしてほしいなんて誰も思ってない**と思うんです。スーツをパリッと着こなしたコンシェルジュが来て、水をスッと渡されて、みたいな、そういう対応されるとは誰も思っていない。というのも、300円だから。

一方で、5万円のフレンチに行って、水は紙コップでセルフと言われたら「なんでやねん」っていう話になると思います。それと同じことで、高額のお客様にはそれなりの対応をしなければいけないし、小口のお客様にそれと同じ対応をしてはいけないわけです。

営業マンとお客様は対等ではない

かっこつけてよく「営業マンとお客様は対等だ」と言う奴がいます。実は私も、イキってこれをやっていたことがあります。

野村證券時代はまだペーペーで、お客様はすごく年上のお金持ちの社長。経験的にもマインド的にも、絶対に私が下になるんですよね。この差があったんですけど、仕事に慣れてきた頃に、ネット記事に書かれていた「お客様と営業マンは対等だ」というのを真に受けちゃったんです。

それで、実際に対等でいってみたところ、全然上手くいかなかった。

たぶん、対等と言っている時点で、営業マンがちょっと上からになっているんですよね。お客様と営業マンは対等だからと偉そうに言っている時点で、営業マン自身がイキっているので、実質7対3ぐらいになってる。だから上手くいかない。

そもそも、お金を払っているのはお客様なので、どこをどう考えても対等ではないんですよね。お客様が払ったお金で自分は食べているんだから、対等ではいけない。その意識を忘れてはいけないというのが私の結論です。

仲よくなっても友達にはなるな

営業をしていると、お客様と親しくなることもあると思います。でも、どれだけ仲よくなっても、友達になってはいけない。

今、私は保険の営業をしていて、野村證券時代の後輩や、仲がいい地元の友達も私のお客様になっているのですが、私から保険に入った時点で彼らはお客様。**後輩であっても、営業マンとお客様というこの関係は崩しません。**

私は、それまで「おい」とか言っていた後輩にも、お客様になった時点で絶対に敬語でしゃべります。「宋さん、やめてくださいよ」と言われるんですが、そこは絶対に変換させないようにしています。

昔からの知り合いだけでなく、仲よくなって飲みに行くようなほんまにズブズブになったお客様がいたとしても、絶対にそこの関係は一線引いたほうがいい。

というのも、結局、**営業マンがキツい状況になった時に助けてくれるのは、友達でなくお客様**だからです。私の経験上、友達にしてしまうと、いざという時に助けてくれなくなるんですよね。お客様はお客様として、その関係を絶対に残し続けたほうが営業マンとしてプラスです。

相手にも、お客様という意識を植えつけることで、たとえば、新規のお客様を紹介してくれたり、追加の契約をくれたりする。ズブズブになりすぎると、そういうことがなくなってしまうんです。

「営業マンがキツい時に助けてくれる」というのは「お金を出してくれる」ということ。

私の感覚ですが、お金をともなう関係となると、友達よりもお客様のほうが出してくれるという印象があります。

野村證券時代は「今月マジでしんどいんです」「すみません、経済合理性はないんですけど、これやらせてください！」とお客様にお願いすることもあったのですが、そういった時に「しゃあないな。頑張れよ」と言って、要件を呑んでくれるのはだいたい、一線引いた関係性を保ったお客様でした。

ペーペーの私が、どの株が上がりますとか、あなたにとってはこれがオススメです……とやっても、ウソっぽくなるので、ズバッとお願いだけする。それで数千万円のお金が動くことはザラにありました。

「宋ちゃーん」「うぇーい」と友達みたいになっていた主婦のおばちゃんやおっちゃんた

ちは、月末に深刻そうな感じで、「お願いできませんか？」と言っても、お金は出してくれなかった。いつもはお菓子とかいっぱいくれるんですけどね。

ズブズブになりすぎちゃいけないというのは、その当時の経験から思ったことです。

11 デメリットがある商品の売り方

同じ商品であっても、すごく魅力のある商品に見えたり、そう見えなかったりと、説明をする営業マンによって大きく変わります。

一言で営業力と言っても、新規開拓能力や人に好かれる能力、突破力、見せ方の上手さなど様々ですが、この見せ方という部分に関しては、私が一番得意としているところでもあります。

どんなにしょうもない石ころでもダイヤモンドに見せることができますし、100円の缶コーヒーでも1万円で売ることだってできる。その5000万個ぐらいはあるノウハウの中から、最も基本的なところをお話しします。

結論から言うと、商品を魅力的に見せるために意識すべきことは、事前にメリットを強調させることと、デメリットを緩和させることです。

メリットを強調、デメリットを緩和

たとえば、彼氏募集中の女の子がいたとします。性格がよくて、イケメンで、年収1千万円以上でなければ付き合わないという、理想のめちゃくちゃ高いA子ちゃんです。

私の友達に、性格がよくてイケメンだけど、年収は500万円しかないB君がいます。理想の高いA子ちゃんに彼をそのまま紹介したら、即座にノーを突きつけられるでしょう。なぜかと言えば、B君のウィークポイントである年収500万円という部分にすべての焦点が当たってしまい、そこだけを見ておそらくA子ちゃんは断ってくる。では、どうしたらいいいか。

B君を紹介する前に、A子ちゃんに二つのイメージをつけさせるのです。

まず「性格のいいイケメンは、実際はめちゃくちゃ少ない」ことを伝えます。自分の周りを見ても、たいてい性格かルックスのどっちかが欠けている。さらっと「性格がよくてイケメン」と言ってるけど、そんな奴はかなりレアなんだというイメージ。

そして次に、「年収500万円は実はそれほど悪くない」というイメージを刷り込みます。ここでは、対比を出してA子ちゃんが年収に対して抱いているイメージを壊していきます。

たとえば、「俺は今30歳だけど、地元の友達なんかは年収350万、400万の奴らが多い。これは日本の平均年収から見ても普通の額で、貧乏でもなければ裕福でもない。これくらいの奴らがほとんどなんだぜ」といった感じです。

事前にこの二つのイメージを刷り込んだ上で、そこからB君をプレゼンしていくのですが、このプレゼンにも順番があります。

まず、B君のメリットである性格とルックスのよさを押していきます。「俺の友達のB君は性格とルックスが抜群で、この二つを兼ね備えてる奴は実際問題なかなかいない。俺の友達でもB君だけで、それぐらい素晴らしい奴なんだ」と、先にメリットを前面に押すのです。

その後に、B君のウィークポイントである年収について話すんですが、この時のスタンスは「ただ、このB君、年収は低いんです」と、ここだけはちょっと申し訳ないというような言い方をします。

A子ちゃんは事前に私から「日本の平均年収は350万から400万ぐらい」と刷り込まれているので、こういう言い方をすると、そこからさらに低く見積もって、おそらく300万円くらいをイメージしているはず。

ここで、「ぶっちゃけ年収が低くて申し訳ないんだけど、500万円ぐらい」と言うんです。A子ちゃんの頭の中では、300万円ぐらいをイメージしてるので、500万円と言われると「そんな悪くない」というふうにイメージが切り替わるわけです。デメリットの緩和は、このように引きでやるのがポイントです。

営業も同じで「すみません、ちょっとこの部分はこれだけしかないんですけど」と引き気味で言うことで、実際の結果を見たお客様から「そこまで大きなデメリットじゃないな」「思ってたよりマシじゃね?」という感覚にもっていけます。

デメリットをメリットに変えるな

ただし、注意しないといけないのは、調子に乗ってこのデメリットの部分を、メリットに変えに行こうとしてはいけません。

つまり、年収500万円の部分をメリットにしてしまうと、デメリットがなくなってしまう。すべてがメリットになると、今度はA子ちゃんが粗探《あら》しを始めてしまいます。なんだかいいところばかりに聞こえるけど、金遣いが荒いんじゃないか？　といった具合に、どこか穴があるんじゃないかと疑い出してしまうわけです。

あるいは、新たに別の条件を出してくることもあります。

最初は、性格がよくて、イケメンで、年収1千万以上であればいいと言っていたはずなのに、なぜか後から「高身長」みたいな条件を出される可能性がある。なので、メリットは強調しに行くけど、デメリットは緩和するだけにしておきましょう。


これを実際の営業に当てはめてみます。たとえば、自分が健康サプリメントを扱っている営業マンだとして、その商品自体はいいものだけど、月5万円と結構高い。これを提案した時に、お客様はどこでつまずきそうかをまずは考えてみてください。値段なのか、商品の質なのか、どの部分に引っ掛かりそうかを予測するのです。

その商品の押したい部分と、お客様が嫌がりそうな部分を自分の中で見極めて、メリットを強調させながら、デメリットを緩和していきます。

たとえば、その健康サプリメントは実際によい素材を使っているから効果が高いことがメリットの場合、「健康食品は色々ありますが、ぶっちゃけ本当に効果あるものは限られています」と事前に刷り込んだ上で、「健康サプリメントは素材が大事で、この商品はそこがしっかりしている」というふうに、こちらの武器であるメリットを提示します。

ウィークポイントである値段に関しても、事前に対比で刷り込んでいきます。

たとえば、「健康サプリメントは今流行ってるので、みなさん結構飲んでいます。中には月に10万円以上かけている人も少なくないんです」といった具合に、**10万円という数字を刷り込んだ上で、**

「すみません、我が社の健康サプリメントは中身は間違いないんですが、ただ値段が高くて……5万円なんです」

と伝えることで、この5万円という価格に対する高額なイメージを緩和することができるわけです。

12 超使える営業キラーフレーズ

数ある営業に関する本には、「○ヶ月でトップセールスになれるキラーフレーズ」などといったものがよく書かれていますが、私がこれまで実践してきた中で、今も実際に使っている効果的な営業トークや言い回しを、お教えします。

「私がもし、お客様の立場だったら」

まずは「私がもし、お客様の立場だったら」というもの。

これは商談の後半で使えるフレーズなんですが、たとえば「私がもしお客様の立場だったら、貯金が○百万円あるので、こっちを契約しますね」といった形です。

どんな意図があるのかというと、営業マンとお客様というのは対立の関係になりやすいんですね。**営業マンが思っている以上に、お客様は営業マンを警戒している。**槍《やり》を持った営業マンと、盾《たて》で防ごうとしているお客様といった構図です。この対立の関係になるのは、あまりよろしくないわけです。

「私がもしお客様の立場だったら～」というのは、この対立の関係を外す目的があります。あなたと同じ視点から提案していますと寄り添うことで、警戒心を解いてもらう。

目的はもう一つあります。正直、営業マンに何かを提案された時、お客様はおそらく「いいようにばかり言っているけど、自分だったら買うのか?」と思っているはずです。実際、「これ、あなただったら契約します?」とお客様のほうから言われることもたまにあります。

その、お客様の本音の部分をこちらから先に言ってしまうということなんです。**お客様が「ほんとか?」と内心で不安に思っているところに、先手を打って「自分だったらこっちを契約しちゃいますけどね」と言ってしまう。**

なかなか使い勝手がよいフレーズなので、私も頻繁に使っています。

「単純にもったいない話ですけどね」

二つ目のフレーズは、「単純にもったいない話ですけどね」。

どう使うかというと、営業マンがどんなに商品のメリットをアピールしても、お客様がなかなか動いてくれない時があります。要するに、押してもダメな時ですね。

押してダメなら、引きましょう。この「単純にもったいない話ですけどね」は引きのセールストークで使うのです。

「この契約はあなたにとってプラスです」と押しても動かないのであれば、**「これを契約しないことはあなたにとってマイナスです」「この機会を利用しないのはあなたにとって損ですけど、それでいいんですか？」というニュアンスを出すわけです。**

するとお客様は「……確かに損はしたくないけど」と、ちょっと食いついてくる。

そこで、また「そうなんですよ。だから契約すればこういったメリットがあるのでどうでしょうか？」と押しの営業を仕掛けます。動かなければ、また引いてと繰り返していく。

このように、引きの営業の時に使えるのが「もったいない話ですけどね」というフレーズです。

「今、〇〇の部分で悩んでいますよね？」

三つ目は、かなりの秘奥義になります。「正直、今この部分で悩まれてますよね。それ以外はもうご納得されていると思うんですよ」と、このフレーズです。

たとえば、営業マンが「こういう内容で、こういうメリット、デメリットがあって、金額は月々〇万円です。どうでしょうか？」と商品の説明した時、お客様からすると、一気に情報が入りすぎてしまうんですね。

「私が今ここで決めていいのか」

「もっといい商品が見つかるかもしれない」

「高いのか安いのか分からないから、相見積もりを取りたい」

「そもそも将来的にこれ、払っていけるのか」

などなど、うわぁ～と情報が入りすぎると、絶対に契約にはなりません。情報過多になって「もうわけ分かんねえからとりあえず、一旦考えます」という流れになってしまうのです。

これを阻止するためのフレーズが「正直今、○○の部分で悩んでいますよね？　それ以外はもうご納得されていると思うんですよ」なんです。**こちらで、判断軸を強引に一つにまとめてしまう。実際、これはめちゃくちゃ効きます。**

お客様自身も、どの部分がクリアになっていて、どの部分がクリアになってないかが自分でも分かっていないんですね。そこを営業マンから「考えるべきことはこれ一つだけですよね」と、絞ってしまうのです。

たとえば、「正直、今、○○様が悩まれているのって金額の部分ですよね。商品や内容についてはもう、ご納得されていると思うんですよ」と言ったとして、そこでお客様が「はい」と答えたら、もう考えるべきはお金の問題だけです。お金について詰めていければ契約になるということです。

これはめちゃくちゃ使えますし、効くフレーズです。

13 「営業はいらない」と言う奴は全員アホ

営業マンの存在意義とは

最近ちょっと売れている本の題名を真に受けて、これからはテクノロジーの時代だから営業はいらないだとか、営業はなくなる仕事だと言う奴がワラワラ湧いているようですが、結論、これを言う奴は全員アホ。

そもそも、営業マンが必要になるのは、不動産や保険など重要で高額な商材です。100円の缶コーヒーを店頭で売るのに営業マンはいりません。

そして、超当たり前の話ですけど、一般の方がそういった重要な高い買い物をする時に、ネットの記事や写真だけを見て素人一人で判断できるかといえば、絶対にできないわけです。

営業マンの存在意義というのは、次の四つが挙げられます。

①お客様が知らない知識、情報を与える
②お客様が持っている知識、情報の確認
③お客様が気づいていない考え方、ニーズを掘り起こす
④お客様の背中を押す

①と②は当たり前のことですが、**「営業はいらない」と言っている人は、たぶん、③と④の重要性が分かっていない**んですね。逆を言えば、これらは営業マンの存在意義として、最も重要なところです。

私の経験上、ほとんどの人間がビビリなので、ちょっと重い高額な商品を購入する時に決断ができないんです。ネットの記事や写真をぱっと見ただけで、ズバズバと決断できる人なんてそういません。これは、通販サイトにおいて、Aという商品を買った人にBという商品を勧めるレコメンド機能がいくら発達しようとも同じことです。高額商品に関しては、誰かに背中を押されなければ決断できないわけです。

たぶん、それは小さい頃から自分で決断をしてこなかったことが大きい。たとえば、大事な自分の進路にしても、身の置かれた環境や、あるいは色々な先生たちから背中を押されて決めてきているわけです。

保険はなんのために入るのか

では、「お客様が気づいていない考え方、ニーズを掘り起こす」とはどういうことか。具体的に、私が実際の保険営業で使っている例でご説明します。

結婚した男性の場合なら、**保険は男のプライドで入るもの**だと私は思っています。

たぶん、これからの自分の人生で一番世話になる人は、会社の上司でもなく、学生時代の恩師でもなく、何十年かしたら独立して一人でやっていく子供でもなく、一生を共にする配偶者です。その人に対する「これからよろしく」という気持ちを形にしたのが生命保険です。

死ぬ確率が何%あって、これだけ払っていくら受け取れるといった経済合理性の話ではなく、少しクサい言い方ですが、保険は男のプライドで入るもの。そのプライドがありますか？　と。

もちろん、誰のために保険に入るのかといえば、奥さんのためだし、それが間接的に子供のためにもなっています。なので、どこの保険屋がいいだとか、商品がどうだとか、金額がいくらだとかは二の次で、妻に対する思いがあるのか、ないのかという感情論が8割ですよ、ということですね。

加えて言いたいのは、**保険はもしもの時にお金が入ってくるディフェンスのものと考えている人もいると思うんですけど、実は逆。オフェンス**なんです。

最悪の事態に備えてやることさえやっていれば、あとは別に自分がどうなろうと家族は困らないわけで、だからこそグリグリと仕事を頑張っていける。

たとえば月1万円の保険を契約したとして、1万円は出て行くけど、その金額以上に本業で攻められるようになる。**「最悪、俺が死んでも」という思いがあれば、もっとアグレッシブに生きられる**んです。

これは保険営業マンにおける考えですが、たぶん、証券マンは証券マンなりに一般の人が知らない考えや切り口を持っているだろうし、健康食品の営業マンであれば、また違った見方や差し込みの方向性があると思います。

一般の方が、自分の知識の範囲内で選ぶのではなく、「こっちですよ」「あとこっちもあります」と提示できることが営業マンの存在意義。

私の経験上、営業はいらないと言っている人は、本当にショボい人しかいません。仕事ができる人やキレキレの人ほど意外とこういうことは言わないんですよね。

14 トップセールスは絶対に「押しの営業」である

営業には、「押しの営業」と「引きの営業」という二つのスタイルがあります。

押しの営業というのは、営業マンがお客様に対して自信を持ってガッツ強気に商品を提案するスタイルです。これは「押し売り」とは違って、お客様が必要でないものを無理やり買わせることではありません。

一方、引きの営業とは、一見ガツガツいってなさそうに見せて、うまーくお客様を契約に誘導するというスタイルです。

昨今、引きの営業が正義だ、押しの営業＝お客様を削って自分のことしか考えてない悪、みたいな風潮が蔓延《まんえん》しています。

しょうもないセミナーだとかしょうもない営業の本でも、「お客様と営業マンが話す割合は、お客様9割、営業マン1割。これが優秀な営業マンの特徴だ」みたいなことが言われていますが、**結論、これは全部大ウソ**です。

お客様が9割話して契約になるって、言ってみればそれもうイリュージョンよりイリュージョン。百歩譲って、それで契約になるということは、レンジでチンしたらもう出来上がりみたいな冷凍食品と同じ。それ、営業マンがいなくてもたぶんお客様は契約してます。

では、なぜ今、引きの営業正義マンがこれだけ大量発生しているのか。二つの理由があります。

押しの営業は才能である

まず一つ目が**「押しの営業は教えられない」**ということ。

実際問題、営業を教わろうとする営業マンも、すぐ具体的なやり方とかノウハウに飛びつきます。

私も野村證券時代に、優秀な上司に「こういう場合、どうすればいいですか。お客様に何て言えばいいですか？」とよく聞いていました。

ですが、私がどういう質問をしても、その上司は絶対に、**「正面から自分の思いを熱くお客様に伝えるだけだ。その気持ちをぶつけるだけだ」**としか答えない。何を聞いても絶対コレしか言わないんですね。ですが、今になって思えば、実は本質を突いた大事な教えだと思うんです。

何が言いたいかというと**「押しの営業というのは、ポテンシャルだ」**ということです。

野球でたとえれば、体が大きくてホームランをかっ飛ばせるとか、生まれつき速い球を投げられるだとか、そういうポテンシャルの話なんです。


もし私が会社の社長で、新卒で営業マンを採用するとなったら、絶対的にこの押しのポテンシャルを重要視します。実際、押しの営業ができる営業マンってそれほど多くないんです。希少価値が高いんですね。

なので、押しの営業を教えられる人間がそもそもいないし、ポテンシャルの話なので、その結果、引きの営業正義マンが大量発生するというわけです。

「引きの営業＝お客様の見方」ではない

引きの営業正義マンが大量発生している理由、二つ目が**「俺は強引に行かないですよブランディング」**です。

要は「私は引きの営業マンなのでお客様の味方ですよ」みたいなブランディングをかます奴が多すぎるという話ですが、もちろんこれは間違いです。引きの営業＝お客様に寄り添っている、お客様の味方ではない。

押しの営業とは、お客様に強引に必要ないものを買わせるわけではなく、**徹底的に勉強して考え抜いて、その腹落ちからくる自信と責任から生まれる圧倒的な説得力と勢い**なんです。

私の経験上、野村證券でも保険業界でも、トップセールスは必ず押しの営業です。これが現実。

もちろん、ある程度経験を積めば、自分が押しの営業タイプなのか引きの営業タイプなのかは自《おの》ずと分かってきますが、これから営業を始めようだとか、特に新卒の新人営業マンは、まずは押しの営業から始めたほうがいいんじゃないか、というのが私の結論です。まずはそこを磨こうと努力しましょうという話です。

野球にたとえるなら、**小学生にまず全力でバントの練習からさせない**と思うんですね。まずは将来的なことを考えて、ホームラン目指してブンブン振り回せという指導をすると思うんです。

雑な言い方をすると、押しの営業に比べると、引きの営業なんて簡単で、そんなの経験さえあれば誰でもできるということ。

そんなイメージで、まず腹落ちからくる自信と責任から生まれる押しの営業にこだわってみるのはどうかなと思います。

15 就活生に伝えたい営業職の魅力

今、就活生で営業職への希望者は少なくなっているそうです。

しかし、人気をどうこう言っても、文系はほぼ営業に行かざるを得ないというのが宿命。8割型は「営業、頑張ります！」「営業志望です！」と言わされているような状況で、本気で営業をやりたいと思っている人は少ないいんじゃないかと思います。

よほど体育会の攻撃性、攻めのハートを持っている奴じゃなければ、営業志望はそういません。

ですが、ずっと営業職をしてきた私からすると、営業職には他の仕事には代えがたい魅力があると思っています。

営業職のいいところは二つあります。

下克上ができる

まずは「下克上ができる」ということ。

これはたぶん営業の世界独特の話で、もう**売ったら正義、売った奴が勝ち**なんですね。

だから、どこの大学を出ているとか、派閥がどうだとか、年次が上だ下だというのは一切関係なく、その世界、その会社で営業成績がよければ王様になれる。

サラリーマンの中で唯一、一発逆転が可能なのが営業職。そういう意味ではとても分かりやすいんじゃないかと思います。

楽に生きられるようになる

二つ目は、ちょっと大袈裟《おおげさ》かもしれないけど「楽に生きられるようになる」。どういうことかと言うと、営業をやっていると次の二つの能力を身につけることができます。

①自分の意見を通す力

数多くの商談を経験することで、どうすれば自分の意見を通せるようになるかが鍛えられます。

②相手の感情を読む力

これは①にも関連しますが、相手が今何を考えてるのかが分かるようになります。つまらなそうにしているのか、楽しそうにしているのか、気持ちよくなっているのか、みたいなことですね。

たとえば、何かの申請をするために役所に行ったのに、あちこちの課にたらい回しにされている人だとか、何かと損をしちゃっている人っていると思うんです。

別に悪いことをしているわけでもないのに、会社や学校でもだるい仕事を振られたり、なぜか評価されなかったり、人と人との対応で優先順位を低くされてしまうような。それって、何が原因なのかと言うと「営業力がないから」なんですね。

要は先ほど挙げた、①②のような能力がないから、後手後手に回ってないがしろにされる生き方になってしまうわけです。

逆に、営業力がある人は対人、対社会でのポジション取りが上手い。大袈裟に言うと、営業力があれば自分の人生を常に有利なポジションでコントロールしやすくなって、受動的な生き方にならなくて済むんです。

私は、何をやるにしても営業だと思っています。営業仕事とは全然関係のない漫画家だって、結局は自分の作品をどう売り出すかとか、出版社にどう交渉していくかを考えなければいけない。社内でパソコンをカチャカチャやっている事務系のサラリーマンでも、どうしたら楽に仕事ができるかとか、部下にどう頼もうかなとか、対人スキルを要する場面が色々あると思います。言ってしまえば、こういうのも全部営業です。

営業力というのは営業職だけに必要なものでなく、すべての対人関係において有効です。それを身につけてしまえば、自分の思い通りの楽な生き方が上手くできるようになる、というわけです。

PART 2

結論、成功できるのは
ドブ板営業マンだけ

16 商談の最初からクロージングを意識せよ

営業には、商談の最後に契約をするかしないかをお客様に決断してもらう場面がありま す。最後の最後で最も重要な場面になるわけですが、これをクロージングと言います。

このクロージングで重要なのは、「商談の最初からクロージングを意識する」こと。

どういうことかと言うと、商談をして最後のクロージングの場面になってようやくお客様に具体的な提案をするだとか、トリッキーなことをやるのではなく、**お客様と初めて会った瞬間から、最後のクロージングを意識して商談を行いましょう**、ということです。**最初の名刺交換やヒアリング、商品の提案も、すべてはクロージングの前フリ**なのです。

たとえるなら、ある女の子に一目惚《ぼ》れしたとして、その一目惚れした瞬間からその子と将来一緒に入るお墓のことを考えてアプローチするようなイメージでしょうか。

契約しない理由を一つずつ潰していく

お客様が最後のところで契約しない理由は、ざっくり分けると五つのパターンしかありません。

①お金

「ちょっと高いのでこの契約は……」とか「払えるかどうか分からないんで」といった断り文句。

②そもそも必要性を感じない

「そもそも、俺は別に保険が必要だと思ってないんで」みたいなことを、提案の後に言い出される。

③決裁権がない

「妻に相談しないといけないんで」「社長に了解を取らないとなんとも……」のように、決裁権で逃げるパターン。

④他社と比べたい

「他に保険屋を呼んでいるので、そっちの提案と比べたい」といった、相見積もりを理由にするパターン。

⑤タイミングじゃない

「将来、給料が上がったらやろうと思います」とか、「今は必要に迫られてないんで」で逃げるパターン。

お客様の断り文句は、だいたいこの5パターンのうちのどれかです。**これを、商品を提案する前に全部潰していく**必要があります。

イメージとしては、お客様がいる部屋の中に、逃げられるドアや窓がいくつもある状況で、お客様に会った瞬間から、その出口を一つ一つ塞いでいって、最後は一つしか残っていないという状況を、最初からつくりにいくのです。

クロージングというものは、最後だけ何かをすればいいわけではなく、最初からクロージングを意識した上で、すべて逆算して行う必要があります。

9割は「連打クロージング」が有効

クロージングは大きく分けて、二つの方法に分類されます。

一つが**「連打クロージング」**と言われるもので、営業マンがお客様にひたすらトークを連打して、背中を押しまくる方法。

もう一つが**「沈黙クロージング」**と言われるもので、提案が終わって契約するかどうしようか考えているお客様に対して、営業マンがガチャガチャ話しかけずに、沈黙の中でお客様に真剣に考えてもらうという方法。

この二つのうち、現場を知らない好感度狙いの教科書おじさんは大体「沈黙クロージング」を推奨します。

「沈黙クロージングは美徳」

「最後は我慢比べだ」

といったわけの分からんことを言う奴が幅を利かせている。

ですが、私の体感上だと、**沈黙クロージングが有効なお客様は全体の10%ぐらい**です。というのも、いわゆる大半の一般人は、判断力や決断力が低い。それが普通の人間なのだから、基本的には営業マンが何度も背中を押さなければ契約にはなりません。

たとえば、自分がガンになって医者からいきなり複雑な治療法を説明されたとして、「なるほど、なるほど。じゃあそれでいきましょう」とパッと決められる判断力と決断力のある人はほとんどいないのではないでしょうか。

「沈黙クロージング」を使い分けろ

ただし、注意しないといけないのは、残りの10%の人を相手にした時。

この10%に入るのがどういう人たちかと言うと、キレキレの経営者や超優秀な戦闘力MAXのビジネスマンといった、自分で判断決断をバキバキに行える人たちです。**この場**

合は逆に、沈黙クロージングでいかなければいけない。

提案が終わって、最後にぐっと考えている時に、営業マンがごちゃごちゃと話しかけてしまうと、「黙っとけ！」「今考えとんのじゃ！」と相手は感じてしまい、空気が読めない営業マンだと思われてしまいます。

基本的に9割の人間は決断力が低いので「連打クロージング」で背中を押しますが、1割の決断力の高い相手には「沈黙クロージング」を選択すること。**クロージングの種類は、相手によって使い分けることが大事**なのです。

決断を先延ばしするお客様への対処法

営業マンであれば9000万回は経験していると思いますが「特別な理由はないんだけど、ただ決めたくない」というお客様、これが意外と多い。いいとは思っているけど「なんとなく」先延ばしにしたい、という場合ですね。

この「なんとなく」というのは、契約をするかしないかという最後のシビアな重い雰囲気にお客様が飲まれて、決めきれていない状態です。

このまま行くと先延ばしにされて契約にはなりません。どうしたらいいか。

この重い雰囲気を一気にポップな方向に持っていき、一旦、契約から目を外らせる必要があります。

つまり**「一回、異空間に飛ばす」**といい。

私の場合だと、たとえば、

「〇〇さん、私、小学校の時にうさぎとよく会話してたんですけど」

というようなことを話して、契約と全く関係のないファンタジーの世界に連れて行きます。

そこは、ラベンダー畑でお客様と私が一緒に手を繋いでスキップしながら「♪アブラハムには7人の子〜」と歌ってるんちゃうかな？　ぐらいの異空間。**契約をするのかしないのかの重苦しい空気を、ラベンダー畑で一気に換気するようなイメージ**です。

そこからまた、契約をするかしないかのクロージングに再トライするのですが、先ほどとは空気が変わっているので、よい結果に繋がりやすくなることがあります。

このように、商談の最後にちょっと重い雰囲気で煮詰まってしまい、お客様が決めきれずなんとなく先延ばしになりそうな時は、一回異空間にぶっ飛ばして、ラベンダースキップしてから再度クロージングにトライしてみるといいと思います。

17 なぜ失敗をするべきなのか

世の中には「できるだけ失敗はしないほうがいい」「失敗をどんどんするべきだ」と、両極端な意見がはびこっています。いや、どっちやねんといった感じですが、私は2000％「失敗したほうがいい」と思っています。

失敗したほうがいい理由。それは、自分のキャパシティが広がるからです。

人間にはそれぞれのキャパシティがあると思うんですね。いきなり会社をクビになって、彼女からも振られて、周りの友達も全員いなくなって、借金を抱えても「まあ、なんとかなるっしょ」と思えるようなキャパ6億くらいの奴もいれば、お客様から1件クレームが入っただけで2週間ぐらい泣き続けるような、キャパ2しかない奴もいる。

そして、このキャパシティというものも、細かく見ていくと三つに分類することができます。

ミスに対するキャパシティ

一つ目が、自分のミスに対するキャパシティです。

私が早稲田大学野球部の1年生の時の話です。

他大学の公式戦をバックネット裏からビデオ撮影してくるように言われました。後日、その映像を見ながら4年生やレギュラー陣、監督が他大学の研究をするので、下っ端に与えられた重要な任務なわけです。

当日、試合が始まってカメラを回そうと思った時、ビデオテープを忘れていることに気づきました。つまり、大事な他大学の試合が撮れなかったんです。

入部したてのクソ雑魚1年の私のせいで、公式戦のミーティングで使う重要な映像がない状況です。たとえるなら、大企業のお偉いさんが集まる役員会議で、新入社員が資料をなくしたようなもの。

これは少なく見積もっても6000回は死ぬなと当時は思ったわけですが、こういうとんでもない失敗を過去にしていると、たとえば、営業でお客様に見せる資料を1枚忘れたくらいでは、全然うろたえることがないんですね。

ここのキャパがない奴というのは、ちょっと資料を忘れたぐらいで「もう、ダメだ」「終わった」と、あたふたしてクラッシュしてしまいます。これが自分のミスに対するキャパシティです。

変化に対するキャパシティ

次に、変化に対するキャパシティというものがあります。

私は、2浪して早稲田大学に入っているのですが、おそらく高校の私の代で2浪したのは私しかいなかったと思います。

大人になった今思えば、1浪も2浪もクソどうでもいい話だと思えるんですけど、当時は、とんでもないことになった、自分だけすごいレールを外れてしまったと感じていたんですね。

ただ、そこで一回レールから外れているので、今なんらかの急な変化があったり、または新しいことをする時に「ビビる」という感覚がなくなりました。

たぶん、これまで順調にやってきてレールから外れたことがない人は、この変化に対する許容量が少ないので、少しでもレールを外れるとクラッシュしてしまいます。そうなると、変化自体をすごく嫌うようになる。つまり、成長していけないということです。

恐怖に対するキャパシティ

三つ目が恐怖に対するキャパシティです。

私の生まれ育った地域は荒れまくっていて、治安がすごく悪かったんです。中学校には授業中にタバコやシンナーを吸っている不良たちがめちゃくちゃいて、そういう不良たちから私はいじめられていました。

早稲田大学野球部では、めちゃくちゃ怖い先輩の恐怖に耐え切れず、辞めていく新入部員が半分以上いたけれど、私はあの限度を知らない不良のほうがよっぽどヤバかった、と思うことができたのです。

野村證券に入る時も、「野村は厳しい会社だ、上司も怖いぞ」と言われていましたが、私からしたら早稲田大学野球部の先輩のほうが怖いですし、それ以上に限度を知らない中学生の不良のほうがヤバかった。

体験談から来る話ではありますが、こういう過去の経験によって恐怖に対するキャパシティも広がっていきます。

つまり、**失敗とは、自分のキャパシティを広げてくれるネタでしかない**んですね。「失敗さん、キャパ広げてくれてありがとう」って話です。

昔いじめられていたとか、家が貧乏だとか、過去のトラウマを自らマイナスの方向に引っ張ろうとしている奴が大量発生していますが、それは間違っています。

私が言いたいのは、その失敗や経験をプラス方向にひっくり返して、自分のキャパシティを広げるために利用しろ、ということです。

18 野村證券時代の失敗から学んだこと

追い込まれすぎた人間の末路

野村證券時代に私が体験した、ちょっとヤバかった失敗エピソードをご紹介したいと思います。実際、2000万個くらいあるんですが、そこから絞りに絞って印象的な「事件」を三つお話しします。

まず**「新規口座開きました事件」**です。

広島支店の配属になった新人時代の話です。野村證券に入社すると、新人は飛び込み営業で年間の新規口座開設100件のノルマが与えられます。つまり、1年間に100人のお客様を新規開拓しないといけないわけです。

年間で100件ということは、月に直すと8件。研修などで営業ができない期間もあるので、実際は月10件くらいで、2日に1件のペースで新規のお客様を獲得しないと間に合わないのです。

このようなとんでもないノルマだったので、4～5日新規開設ができないと、どんどんしんどくなっていくという状況でした。

野村證券の場合、新人にはそれぞれ教育係のような上司がつきます。その上司との取り決めで、毎日お昼に必ず電話をして、「(新規開設)できました」「できませんでした」という報告をするルールがあります。

飛び込み営業に出かける中、8日間くらい1件も新規開設が取れない、かなり不調な月がありました。「できなかったです」、「今日もできなかったです」と、毎日上司に報告することになるのですが、5日目を過ぎた頃から精神的に追い詰められすぎて、電話がしづらくなってきました。ただ、しないとまずいわけです。

7日目を過ぎた頃には、もう「新規開設できませんでした」と言えなくなってしまって、8日目についに「今日、新規開設しました」と電話で報告しました。

もちろんこれはウソ。ただ、報告をしたのはお昼なので、夕方に支店に帰るまで4時間あります。この4時間でなんとかお客様を見つけて、さっきのウソを本当にしようと、命がけで飛び込みをしまくりました。

が、結局、新規口座開設できずに、そのままタイムリミットを迎えたのです。

野村證券では、お客様に書いていただいた口座開設用紙を直属の上司に渡すのではなく、総務課に提出して処理をしてもらうことになっていました。

つまり、実際に口座開設用紙を提出したかどうか上司は分からない。どのみち、2日後の集計に載ってしまうので、そこでバレてしまうのですが、今日のところはなんとかごまかせるかも、と私は考えました。

支店に戻ると、上司からの詰めが始まります。

「やっと新規開設したな。お前、開設用紙は総務課に出したのか?」と。ここまで来たら、もう突っ張るしかありません。態度が大事です。

ですが、上司も鋭いので、「お前ほんまに、新規開設したのか?」「今から俺が総務課に内線して、確認するぞ」と、問い詰めてきます。
私は内心で「ヤバイ……」と思っていたんですが、ここまで来たらイチかバチかで突っ張るしかないので「大丈夫です、総務課に紙出したんで」と力強く答えました。

「お前、ほんまやな？」

「はい」

「お前、ほんまやな？」

「はい」

「お前、今から電話するぞ」

「出しました、大丈夫です」

と、問答は終わりません。そしてついに、上司が受話器に手をかけて内線番号を押す瞬間に、私は**「すんません、開設してません」**と折れてしまったのです。

結果、上司はブチ切れ、ゴリ詰めに合いました。

「そんなしょうもないウソつくな、アホちゃうか」と思われるかもしれませんが、当時のプレッシャーや追い込まれ方は半端じゃなかったんです。

今でこそ、そんなことしてもなんの意味もないと分かりますが、とことんプレッシャーをかけられると人間はこうなってしまう。まあ、そういう追い込まれ方を毎日していたということですね。

命がけの勝負に負けることもある

次の失敗エピソードは**「ローム一点張り事件」**です。

野村證券2年目を迎え、ある程度お客様ができて、毎日株取引などをやり始めていた時の出来事です。

私の2年目のノルマの半分以上を担っていたくらい、頻繁に取引をしてくださっていた大事な資産家の社長さんがいたのですが、ある月に、私の銘柄選定やタイミングのミスで5回連続で損をさせてしまいました。

そうなると、さすがの社長も萎《な》えてきます。私も内心「まずいなぁ」と思っていたんですが、社長から電話がきて「最近、失敗しすぎだ。お前と株取引をしても損するばっかりだから、もうやめるわ」と言われてしまいました。

大ピンチです。ノルマの半分以上を失うわけですから、とんでもないことになってしまいます。どうにかして結果を出して、社長からの信頼を回復しないといけません。

電話を切ってすぐ、速攻で社長に会いに行きました。社長はもう半分キレている状態でしたので、このままだと離れていってしまいます。だから私は、

「最後に一勝負《ひと》させてください！　私も死ぬ気で儲かりそうな株を見つけるので、それで損をしたら、私を切ってください！」

と、頭を下げたんです。社長は「これで本当に最後だからな」と、言ってくれました。

これが本当に最後の最後の最後だと思っていたので、私は死ぬ気で上がりそうな株を調べました。中長期で次第に上がるなんて悠長なことは言ってられない。もう今日明日で短期的に儲かって、分かりやすい結果を出さないと、未来はない。色んなところから情報を取って、どの株が上がるか必死で調べた結果、一つの銘柄を見つけました。

それが「ローム」という会社の株でした。当時、電子機器バブルというのがあり、関連銘柄が上がっていたので、もう「ローム」に賭けるしかないと考えたわけです。

翌日、社長に電話をして、「このロームの株がダメだったら、その時は私を切ってください。その覚悟で銘柄を選びました」と伝えると、社長は、

「分かった。俺が持ってる株を全部売って、そのロームに一点張りしろ」

と言いました。金額はゆうに5000万円を超えていたと思います。

このロームの株が上がるか下がるかで、社長との取引が続くか終わるかが決まります。なので、株を買った後は、もちろんパソコンの前から動けなかった。よく馬券を買ったおっさんが「行け〜!」と叫んでますが、本当に命がかかってる時って、あんなもんじゃないんですよ。無言のままチャートを見つめて念じるしかない。声が出ないでんす。

「頼むから上がってくれ」

「これで下がったら終わりや」

「俺の証券マン人生、ロームの株にかかってる」

「上がれ〜!」

ずっと念じていたのですが、買って30分後くらいに、ロームの株はビューッと下がっていきました。

パソコンの前で自分の呼吸が荒くなり、息苦しくなってくるのが分かりました。地上4メートルくらいの場所なのに、高山病にかかったような……気持ちは標高3000メートルいってるんちゃうかというくらい、呼吸がどんどんどんどんどん速くなります。**その間も株はどんどん下がっていく。**

そんな局面でも、社長に報告をしなくてはいけません。つまり「ローム、下がってます」と伝えるわけです。

昨日あれだけ「最後のチャンスをお願いします！」と頭を下げた、社長とのやりとりを思うと、電話なんてできる気持ちではありません。**ですが、どれだけつらかろうと担当者として、絶対に報告をしなければならない。**

意を決して社長に電話をしました。「ツゥルルルル」という呼び出し音と、「ドクドクドクドク」という私の心臓の鼓動が共鳴します。

電話が繋がり、ロームの株が下がっていることを伝えると社長は、

「分かった、全部売却して、その売却資金を銀行に送金しろ」

と言いました。つまり、私との株取引をやめるという、死刑宣告です。私はこうして超大手のお客様を失い、翌月からまた新人と同じように新規外交をすることになりました。

世の中に会えない人はいない

最後に紹介したいのが**「大物社長に真っ向勝負事件」**です。

野村證券1年目のこと、お客様がだんだんでき始め、上司から「お前は富裕層をお客様にしろ」という指令が下りました。つまり大物を新規開拓しろということなので、資産家の大物社長を狙って優良法人にどんどん飛び込んでいくことになります。

でも、そういう優良法人というのは、パッと飛び込んで「社長さんいますか？」と言っても、受付が絶対に通してくれません。「本日、社長はいません」の一点張り。そういうマニュアルになっているのでしょう。

私がどうしていたかというと、社長宛に手紙を書き、受付のお姉さんに名刺を添えて渡していました。翌日、またその会社に行きます。手紙を置いて行ったからといって、もちろん通してはもらえません。で、また手紙と名刺を置いていきます。

これを50回以上はやったと思うんですが、そのうちに受付のお姉さんとはだんだん仲よくなってくるわけです。実際のところ7割くらいはウザいと思われていたでしょうが、「また来ちゃいました、テヘ」といった具合に振る舞っていました。

そんなことを繰り返しているうちに、受付のお姉さんから社長の出社時間と退社時間をヒアリングすることに成功しました。何十回も名刺と手紙を渡してますから、私も「ここでケリをつけよう」と思い、社長と無理やりかち合うことを決意したのです。


その日、社長は夜9時に会社を出るということが分かっていたので、会社の裏口にスタンバイしました。変な営業マンが会社裏に張っていることがバレるとまずいので、裏口の裏手にあった森のような場所で、一人息を潜めます。

そんなところで社長が出てくるのを今か今かと待っていると、ゴルゴ13みたいな気分でした。

裏口のドアと社長の車までの距離は10メートルほどしかありません。なので、このわずか10メートルが勝負。

裏口から出てくる社長を見つけた私は、森の中から社長めがけて猛ダッシュしました。

森の奥から身長187センチのスーツを着た営業マンが突進してくるわけですから、社長の立場で見たらドン引きです。

「なんや、なんや」みたいな感じになっているところに、名刺を取り出して「私が宋です」とご挨拶をさせていただきました。

手紙を何十通も渡されているので、会社に証券会社の変な営業マンが来ていることは知っていたと思います。ただ、どんな顔してる奴なのか、っていうのは全然分からない。

初めて「宋です」と言った時、私の顔と名刺を交互に五度見くらいしていました。そして「あ、お前か」と分かっていただけて、めちゃくちゃ驚かれました。

もちろん、相手は証券会社の若い営業マンだから、株を買ってもらいたいということは社長も分かっているはずです。社長は「今日はもう遅いから、明日会社に来い」と私に言いました。

やっと努力が実って、お客様になってもらえる。私は「よっしゃ〜」とテンションが上がり、**アメリカ大統領の送迎車を見送るホテルマンばりに、車に乗り込む社長を見送りました。**

家に帰ってからも、明日は5000万で提案しようか、それとも1億いこうかとプラスの妄想がどんどん湧き出てきます。もう明日の提案が楽しみで楽しみで仕方がなかった。

そして翌日、初めてその会社の社長室に通されました。ものすごく厳《おごそ》かな雰囲気の社長室です。そこで社長から開口一番に、

「悪い。投資には全然興味がないから、お前のお客さんにはなれない。申し訳ない」

と言われてしまいました。さらに、

「代わりと言っちゃなんだが、お前、野村證券を辞めてうちに来ないか？」

と社長。そんな営業のサラリーマンをするより、うちのほうがもっと面白いことできるぞ、と。いわゆる、逆営業をかけられたんですね。

私も1年目だったので、支店に戻って相談するみたいなことを考えられなかったので、社長の申し出は断ってしまったんですが、「世の中に会えない人はいない」ということを体感しました。私にとってはいい経験になったなと思っています。

19 センシティブ情報の聞き出し方

営業マンの良し悪しは、お客様からどれだけ情報を引き出せるかにかかっています。

たとえば、金融の営業であれば「貯金はいくらありますか?」や「他社はどこと付き合っていますか?」といった、聞きづらいけれど重要な情報をヒアリングすることは、よい提案をするために必須です。

営業セミナーでは、笑顔でお客様の話しやすい雰囲気をつくりましょうとか、相槌《あいづち》を上手く打っていきましょうなどと教えていますが、**営業マンはキャバ嬢ではありません**。当然、こんなもの現場では通用しない。

センシティブで聞きづらいけれども重要な情報を、どうやって聞けばいいのか。これには二つの方法があります。

当然のことのようにスパッと聞く

一つ目は、当然のことのようにスパッと聞く。要するに「それを聞くのは当然のことです」という雰囲気でスパッと聞いてしまうのがベストなのです。

ポイントは当然感、当たり前感を出すこと。

たとえば、お腹がすごく痛くなって病院に行ったとして、医者から「大便いつしましたか？」と聞かれても「何でそんな恥ずかしいことを答えないといけないんですか！」と言う患者はいないはず。

なぜなら、**お腹が痛いと言っている患者に対して、いつ大便をしたか聞くのは医者として当たり前。**むしろ、プロの医者として、しっかりと情報を聞かなければ、治療法や薬の提案もできないのです。

けれども、営業の現場に置き換えると、営業マン自身がセンシティブな情報を聞くことに対して、ビビッてしまっているケースが少なくありません。

私も、最初の頃はすごくビビッていましたが、「プロとして聞かなければいけないところなので、聞いています」という、さも当然な雰囲気を出してスパッと聞けば、案外お客様も普通に答えてくれるのです。

ヒアリングする正当な理由を先に伝える

ただし、これができるのは、営業マンとしての戦闘力があり、信頼を得ていることが前提です。現実問題として、まだ信頼がそれほど積み上がっておらず、スパッと聞けるような雰囲気ではないこともあると思います。

そんな時は、二つ目の方法、「ヒアリングをする正当な理由を言ってからヒアリングする」をオススメします。

たとえば、保険営業であれば、

「保険はオーダーメイドですので、お客様の状況によって一人一人加入すべき商品やプランが違ってきます。なので、今からちょっといくつかご質問させていただいてもいいですか？」

といった感じです。**ヒアリングをする名目をつけて「しっかり情報開示をしたほうが、**

よい提案が受けられますよ」というイメージをつけるわけです。

オーダースーツをつくる時、体型はもちろん、ポケットに手を突っ込む癖《くせ》があるなど、細かいところを伝えないと、本当に自分に合ったスーツはつくれないように、ここでお客様に「自分の情報をちゃんと伝えていい提案をしてもらいたいと思ってもらえるか」が勝負になります。

聞く順番が大事

では、実際にヒアリングする時に何を意識すべきか。

これも、私の中でポイントが二つあります。

まず一つ目が、「聞く順番」です。

よく言われるノウハウに「小さなイエスを積み重ねろ」というものがあります。

要するに、いきなり超センシティブなぶっ込んだところから聞くのではなく、お客様が答えやすいことから順番に聞いていきましょうということなんですが、これは間違いです。

たとえば金融の営業の場合、お客様から「家族構成」「お客様の年収」「お客様の貯金額」の情報を聞き出したいとします。この時の情報のセンシティブ度は次の通り。

「家族構成」　……センシティブ度　小
「お客様の年収」……センシティブ度　中
「お客様の貯金額」……センシティブ度　大

こういう順番になった時、どこから聞くのが正解かというと、まずは年収。その次に、一番重たい貯金額を聞いて、最後に家族構成。

つまり、**センシティブ中→センシティブ大→センシティブ小という順番がベスト**になります。

なぜこれがいいかと言うと、お客様の答えやすいことから聞いていくと、最後に一番重いことを聞くことになってしまうから。

一番重たいことでヒアリングが終わると、お客様の心情としては、最後に一番痛そうな槍で刺されてえぐられたような感覚が残ってしまいます。

先に書いたように「プロとして聞く必要がある」という名目さえつくってしまえば、その時点ではじめに話すことのハードルが最も低くなっているので、いきなりセンシティブ中の「年収」を聞き、その流れですぐに「貯金額」まで聞いてしまうのがいい。そして、最後に一番柔らかい「家族構成」を聞くことで、お客様のヒアリング後のえぐられた感を緩和するのです。

年収でなく「月々の手取り」を聞く

ヒアリングで意識したい二つ目のポイントが「言葉選び」です。
たとえば金融の営業で、お客様の年収をヒアリングしたいとなった時、**ちょっとした言葉の選び方で、同じ内容でも受け取るイメージが変わってきます。**

A「年収いくらですか？」
B「いくら稼いでますか？」

C「月々手取りでいくら取られてますか？」

私は、年収をヒアリングしたい時にいつもCのパターン「〇〇さん、月々いくらぐらい手取りで取られてますか？」と聞くようにしています。

年収にコンプレックスを抱いている方というのは結構います。「年収、いくら稼いでますか？」というふうに聞くと、ちょっと見栄を張ってしまったり、センシティブに感じてしまう人が出てくるので、「月々、手取りでいくらぐらい取られてますか？」というこの聞き方が、私の経験上では一番印象がいいと感じます。

もう少し細かく補足をすると、なぜ私は「年収」でなく「月々の手取り」と聞くようにしているのか。

たとえば「年収は500万です」とヒアリングができたとして、「年収500万円ならばこの商品をオススメします」と提案すると、後から色々とブレが出てくることがあるんですね。

「年収500万とは言ったけど、ボーナスが多めなんで月々の給料は全然ないんですよ」

とか「税金が引かれて手取りはこれだけしかないから、そのプランはちょっと……」といった具合です。

後からごちゃごちゃする可能性があるので、ヒアリングの段階から、後のプレゼンテーションやクロージングを含めた言葉選びを意識しておいたほうがいいのです。

20 テレアポはこうやってねじ込め

野村證券の2年目以降は、お金持ちの経営者をお客様にしろという指令が下りていたので、ずっとテレアポをやっていました。

まだ取引のない未開拓の会社リストがあって、そこに朝から晩まで片っ端から電話していくわけです。**1日に200件、300件と連続でかけ続けるので、電話線から火花が飛び散ってたと思います。**

大前提として、テレアポの目的は「社長にアポを取る」こと。印象は会ってからひっくり返せるので、どんな形だろうが、どう思われようが、とにかく「社長にアポを取る」という一点に注力するイメージです。

よく、テレアポの前にその会社のホームページを調べて、その会社に刺さりそうな仮説を立てて……とか、社長がTwitterなどのSNSでどんなことを書いているか調べて……と、こういう綺麗事をかます奴がいますが、これはただのスマートブランディング。**もうイタリアンレストランでアヒージョ頼んどけって話です。**

そんなの、実際にアポが入ってからやればいいこと。さらに言ってしまえば、そこまで戦略的に考えてやるなら、逆にうかつに電話なんてしちゃいけないんです。紹介のルートを考えるなり、イベントに潜り込むなり、出待ちするなり、そういった出会いの方法から考えないといけないと思います。

テレアポの利点というのは件数をこなせることです。10分間で何件電話できるかという、ガラ回しの勝負。それがテレアポです。

受付の人を突破する方法

実際に、ド新規の会社に電話して、社長にいきなり繋がる可能性はほぼゼロ。だいたい受付のおばちゃんが出ると思うんですが、「営業電話が来ても、社長に繋ぐな」というマ

郵便はがき

63円切手を
お貼り
ください

101-0003

東京都千代田区一ツ橋2-4-3
光文恒産ビル2F

(株)飛鳥新社　出版部　読者カード係行

フリガナ ご氏名	性別　男・女 年齢　　歳
フリガナ ご住所〒 TEL　(　　)	
お買い上げの書籍タイトル	
ご職業　1.会社員　2.公務員　3.学生　4.自営業　5.教員　6.自由業 7.主婦　8.その他（　　）	
お買い上げのショップ名　所在地	

★ご記入いただいた個人情報は、弊社出版物の資料目的以外で使用することはありません。

このたびは飛鳥新社の本をご購入いただきありがとうございます。

今後の出版物の参考にさせていただきますので、以下の質問にお答え下さい。ご協力よろしくお願いいたします。

■この本を最初に何でお知りになりましたか

1.新聞広告（　　　　　　新聞）
2.webサイトやSNSを見て（サイト名　　　　　　　　　　）
3.新聞・雑誌の紹介記事を読んで（紙・誌名　　　　　　　　　　）
4.TV・ラジオで　5.書店で実物を見て　6.知人にすすめられて
7.その他（　　　　　　　　　　）

■この本をお買い求めになった動機は何ですか

1.テーマに興味があったので　2.タイトルに惹かれて
3.装丁・帯に惹かれて　4.著者に惹かれて
5.広告・書評に惹かれて　6.その他（　　　　　　　　　　）

■本書へのご意見・ご感想をお聞かせ下さい

■いまあなたが興味を持たれているテーマや人物をお教え下さい

※あなたのご意見・ご感想を新聞・雑誌広告や小社ホームページ上で
1.掲載してもよい　2.掲載しては困る　3.匿名ならよい

ホームページURL http://www.asukashinsha.co.jp

ニュアルになっていると思います。ただ、受付の人が社長に繋がざるを得ないケースが二つあります。

一つ目が、取引先からの電話。もうすでに関係性がある人、取引がある会社の人から電話がかかってくると、無下に電話を切ることができないので、必ず繋ぎます。

二つ目が、「受付の私じゃちょっとよく分からないから、社長に繋ごう」というパターン。

電話の受付相手には、この二つを同時に攻めます。実際、野村證券時代に私が使っていた文言は、

「あ、野村の宋です。市挨拶の件でお電話したんですけど、社長いますか？」

です。要は、初めて電話したのではなく「俺、社長とマブダチですよ」という、このマブダチ感を醸し出す。**「昨日おたくの社長さんとパピコはんぶんこっこしたよ〜」みたいな雰囲気で言う**と。

この時、私は「市挨拶」というフレーズを使っているんですが、「市挨拶」って完全に意味不明なんですね。意味が分かっちゃうと、受付に営業電話だということがバレてしまう

ので、ここは**あえて意味不明であればあるほどいい。**

極端な話、**「あ、野村の宋ですけど、納豆会議の件でお電話させていただきました。社長いますか？」**くらいマジで存在しない意味不明なことでもいい。「市挨拶」だろうが「納豆会議」だろうが、なんでもいいって話ですね。

ただ、受付の人から「え、何の件ですか？」と聞き返された時に、市挨拶ならば「えっと、市の挨拶の件なんですけど」となんとなくそれっぽい返しができるかなと思って、私は市挨拶というワードを使っていました。

社長に繋がった時の第一声

とはいえ、基本的にド新規のテレアポなんて「社長いません」とか「お繋ぎできません」と言われることが98％だと思います。

そう言われたら、**「あ、分かりましたー」と秒で切ります。**

そして、切った瞬間に次の会社の電話番号を押しているくらいの、ガラ回しでどんどんどんどん次に行く。テレアポはそういう勝負です。そうやっているうちに、たまに社長に繋がることがあるんです。

社長に繋がってからは、もちろん先ほど受付の人に話したのと同じようにマブダチ感を出して意味不明なことを言ってはいけません。それではただのアホ。

おそらく、先ほどのような文言で電話をすると、裏では受付から「なんかよく分からない人からの電話で、私では分からないので出てもらっていいですか？」みたいな感じで社長に繋がってると思います。

そんな感じのパスを受けているので、社長は「ハイ、モシモシ？」と懐疑的な感じで電話に出てくるんですね。「誰やねん」、「何の用やねん」みたいな感じで電話に出てくると。

ここからは180度キャラを変えて、全力でアポをねじ込みにいってください。

「ハイ、モシモシ」の「ハイ、モシモ…」くらいで、被せ気味に、

「大変申し訳ございません、野村證券の宋と申します。一度ご挨拶でお会いさせていただければと思いまして、今週社長のお時間よろしい時っていつでございましょうか？」

みたいな感じです。もう、相手が何を言っているとか、聞いてる聞いてないは無視し

て、**こちらの大声の気迫でゴリ押しします。**社長からするとびっくりする感じだと思うんですが、これくらいのトーンが一番アポが入った実感があります。

そもそも忙しい社長に電話してる時点で、テレアポというのは合理性も筋も何もないんですね。だから、とにかくねじ込むしかないというのが現場の感覚だと思います。

断られそうな時の食らいつき方

第一声のゴリ押しでアポが取れればいいですが、それでも「証券とか保険は興味ないわ」とか「間に合ってるから」みたいに言われることがあります。ただ、やっと社長に繋がってリーチまできているので、ここで引き下がるわけにはいきません。

ここからどう食らいついていくかという話になるのですが、ここの押し問答も色々試しました。

はじめのうちは、たとえば社長が「いいよいいよ、興味ねえから」と言ってきた場合、私は「分かってます。こっ(ここ)からです」と言っていました。

これは、ボクシングの試合でパンチが入って倒れてる奴に対して、「こっからやぞ」というようなイメージです。初回ダウン奪われてるのは分かってる、それは分かった上で「こっからです」という感じ。

ただ、この「分かってます。こっからです」ってのも、意味不明なんですね。だから、結論、これはあまりうまくいかなかった。よくよく考えたら、意味不明が有効なのは受付のおばちゃんだけで、社長にここまで意味不明なことを言ったら、まあそらあかんわなと思いました。

それからも色んな文言を試したんですが、一番効果があったのは、それまでゴリゴリに大声でねじ込んでいってるところを、**いきなりトーンを変えて、小声でヒソヒソ話する感じ**でした。要は**「ここだけの情報ですよ」という雰囲気を出す**んです。

具体的には「もういいよ」と電話を切ろうとする社長に対して、

「いや、社長、一度、一度お会いさせてください。お忙しい社長の貴重な時間を奪うことは分かっています。ただ、時間を取っていただければ、それに見合うだけのお話をさせていただきますので」

と、このように言っていました。要は、証券とか保険に興味はないけど、こいつに会えばなんかいい話が来るんじゃねえか？　という雰囲気を醸し出すわけです。

ちなみに、電話口で「なんの営業？」とか「どういう商品があるんだ」とド新規のアポ取りの段階で商品の話を聞いてくる社長もいますが、これに対して電話口で説明した時点で絶対にアポは入らない。**商品の話などの具体的な話は電話でしたらダメ**なんですね。

「それはお電話口ではお話しできないです」「会えば必ず社長に満足していただける話ができますので」といった言い方で、アポをねじ込んでいくのが結論です。

21 5分以上反省してはいけない

結果はもう変えることができない

仕事でミスをしたり、上手くいかなかった時はテンションが下がりますよね。私も、これまで営業の仕事をしてきた中で、たくさん経験してきました。
自分で言うのもなんですが、私は気持ちの切り替え方にはめちゃくちゃ自信があります。たぶん、日本切り替え選手権があれば、金メダルを取れるんじゃないでしょうか。ここでは、自分なりに確立してきた気持ちの切り替え方をみなさんにお教えしたいと思います。

まず大前提として押さえておいてほしいのが、結果はもう変えられないということ。何かのミスで想定と違う結果になって最悪な状況だとしても、魔法使いではないので、時間はもう戻せません。

そんな時、隠したり、ごまかすという選択肢が出てくるかもしれませんが、それはリスクが高い。そもそもダサいですよね。

そうなると、できることは一つで、気持ちを切り替えるしかないんです。いかにして気持ちを切り替えるか、それに100％の力を注ぎましょう。

その具体的な方法をお教えしていきます。

「立ち直りの早い人＝かっこいい」

これは、何かの失敗が起きる以前から心に留めておいてほしい考え方です。ミスが起きた時にずっとクヨクヨしている人間と、すぐに立ち直って前を向いて走り出す人間のどちらがかっこいいかと聞かれたら、もちろん後者だと思います。

つまり、**「ミスが起きてもすぐに立ち直るビジネスマンはかっこいい」という価値観を、常に自分の頭の中にインプットしておく**のです。

この価値観を常日頃から持っておくというのがミソで、実際にミスが起こった時ってめちゃくちゃテンションが下がっているので、たとえ周りの人から「切り替えていけよ」と言われても、聞く耳を持てないんですね。「俺の気持ち分かってんのか」「黙れ」となってしまう。正論が響かない状況になっているので、その段階で言われても遅いという話です。

将来的にも上手くいかないことなんてめちゃくちゃあるわけで、そういう時に、いかに前を向いてすぐに立ち直る人間がかっこいいか、自分はそうなるんだという価値観を事前に持っておくことが大切です。

落ち込み→反省→切り替えは計20分

次に、具体的な立ち直りのプロセスをご紹介します。

契約すると思っていた案件が白紙になって、テンションがダダ下がりしたとします。こんな時、私は、まず時計を見て、今から10分間と物理的に時間で区切って落ち込みます。その10分間に関しては、落ち込むと決めていますから、もう徹底的に落ち込むわけです。

「ほんま最悪だ」「どうしよう」「なんでこうなるんだよ」といった感じに、愚痴りながら徹底的にその10分間は落ち込む。そして、10分経ったら再度時計を見ます。

時計を見て、ここから5分間が反省の時間。これも物理的に時間で区切ります。自分に非があるミスなのか、防ぐことができたのかどうか、もうちょっと別な言い方ができたんじゃないか、今後は確認作業をもう一回入れようとか、具体的に振り返っていきます。

ポイントは、この反省の時間を5分間という短い時間にしていること。

やりがちなのが、ここでめちゃくちゃ反省をしてしまうことですが、それはいけません。ああすればよかった、こうすればよかったと何時間も考えたり、会社によっては反省文を書かされたり、なんなら部署移動させられてずっと反省を求められるようなところもあるんですが、アホな話です。

反省は5分でできる。逆に、それ以上はやってはいけません。

というのも、反省しすぎると自分が壊れちゃうんですね。どんどんドツボにはまっていって、次に走り出す時に上手くエンジンがかからない。

初動が遅くなってしまうので、5分間という短い時間でスパッとしっかり反省してください。

気持ちを切り替えられた自分を褒める

反省の5分間が過ぎたら、もう一回時計を見ます。

ここからは、完全にパワープレイですが「今から5分後にはミスする前の心境と同じように、完全に気持ちを切り替える」と自分で決めてしまいましょう。

時計を見て、5分経ったら「よし、切り替え完了！」といった具合です。

そして、最後に「20分で切り替えた俺、かっこいい」と自分で自分を褒めてあげてください。

普通の人間ならおそらくこのミスで一日、二日はウジウジしているだろうけど、俺は20分で切り替えた、すごい、と。そうやって褒めることで、「自分は切り替えが上手い」と洗脳させていくんですね。

私はずっとこのように気持ちを切り替えてきました。要するに慣れだと思いますが、これをやっているうちに本当に20分で切り替えられるようになるんです。

これから先、ミスや思い通りに行かないことなんていくらでもある。「自分はどんなミスでも20分で切り替えられる人間だ」と自分自身に思い込ませてしまえば、強いと思います。

22 お客様に理不尽に舐められた時の対処法

新入社員や年次が若い営業マンは、お客様から舐《な》められることがあると思います。かなり理不尽な態度をとられたり、なんなら職業差別的に営業マンの存在自体を否定してくるような人が1000人に1人ぐらいはいるものです。

営業の現場だけでなく、教育現場にもモンスターペアレントがいるし、居酒屋でめちゃくちゃ偉そうにふんぞり返って店員をいびり倒してるおっさんなんかも、よく見かけますよね。

どこの業界にもいる、そういうモンスターチックなお客様は、舐めていい相手だと判断すると強烈にマウントをとってきます。いや、マウントを通り越して、なんなら腹の上に乗っかってタップダンスを踊るぐらいの対応をしてきたりもするのですが、もしも、そういう人と出会ってしまった時、どう対処したらいいかをお教えします。

対処法は「即折り、即肩組み」

営業マンが舐められる時には、二つのパターンに分かれます。

一つが、「新人だからクソ」「まだ業界歴が浅いから大したことないな」と、営業マン自身が舐められるパターン。

もう一つが、「保険とかクソ」「証券マンなんて全員詐欺師でしょ」と、取り扱っている商品自体が舐められるパターン。

だいたい、この二つのパターンに分かれるのですが、対処の方法はどちらも同じで「即折り、即肩組み」です。

モンスターチックなお客様が完全に舐めてきた時は、**瞬間的にまず折る。そして、折ったらすぐに肩を組みに行く**んです。

たとえば、保険の営業をしている時に、モンスターチックなお客様が、「俺、保険とか超嫌いなんですよ。マジでクソだと思ってます」と商品を舐めてきたとします。

そんな時は、ちょっと深刻そうな感じで、

「何かあったんですか？」

と真顔で聞いてください。きっと、理由は特に何もないはずです。

つまり「保険とかマジでクソだと思ってます」と言ったお客様自身、結局はよく分からずに、なんとなくのイメージで「嫌い」と言っているだけなんです。

大体は「いや、別に何かあったわけではないんだけど」といった感じの返答をしてくると思うので、そこでこちらから、

「特に問題があったわけじゃないんですね」

と確認をするように返します。要するに、お客様が保険について「実際はよく分かっていない」「なんとなくのイメージで嫌っている」ことを気づかせるのです。これが「即折る」のイメージ。

そして、この「折る」時も注意が必要で、渾身の右ストレート一発で、失神KOしなければいけません。ボディブローやローキックでジワジワと論破していく格好になると、お客様から人間として嫌われてしまいます。

折った後に肩を組むスピードが重要

そして、ここからが重要。折った後は、すぐに肩を組みに行きます。

どうやるかと言うと、たとえば、

「まあ、ぶっちゃけ○○さんと同じく、保険に対していいイメージを持たれてない方は多いです。今日は、せっかく○○さんにお時間をいただけたので、分かっていただけるよう分かりやすく説明したいと思いますので、何卒宜しくお願いいたします」

といったふうに、補正して肩を組みに行くんです。

イメージで言うと、**Ｋ１の試合で渾身の右ストレート一発でダウンを奪った瞬間、すぐに相手を起き上がらせて「一緒にディズニーランド行こう」と、いきなり肩を組んで２人で歩き出すような感じ**です。

この時めちゃくちゃ重要なのが、折ってから肩を組みに行くまでのスピード感。このスピードが遅いと、論破した感が出てしまいます。

当たり前だけど、営業で論破してはいけません。そもそも、そういう勝負ではないのです。

かといって、こちらを舐め腐っているモンスターに対して、何もしなければ、商談の土台にすら立てないので、折るところは折らないといけません。そして、折った後に光速でディズニーランドに向かう、このスピード感が命です。

知識ひけらかしおじさんの折り方

もう一つ、この「即折り、即肩組み」の具体例を挙げます。

野村證券の新入社員時代はよく飛び込み営業をやっていたので、たまに新人の証券マンをバカにして超マウンティングをとってくるおじさんに出会いました。

「お前みたいな証券マンはまだまだクソ雑魚」「俺はこれだけ投資をやっていて、これだけ知識がある」と、上からいびり倒してくるわけですが、こういう知識ひけらかしマンも同じようにまず折りにいく必要があります。

どうやるかと言うと、専門的な知識を投げるのです。たとえば、超マウンティングをと

られて雑魚扱いされたとして、

「やっぱり、○○さんすごいですね。**昨日、アメリカでこんなニュースが出て、この指数を今投資家のみなさんは結構注目されてると思うんですけど……**」

といった感じに、ちょっと専門的なことを投げてみる。そうすると、もちろん相手は「ウッ」となるのですが、その「ウッ」となった瞬間にすぐ肩を組みに行きます。

「おっしゃる通りまだまだ新人なんですけど、必死に勉強しています。○○さんのお役に立てるよう頑張りますので、タイミングと商品を見ていいものがあれば是非またご提案させていただいていいですか？」

と、すぐに肩を組みに行くことが理不尽なマウンティングをされた時の対処法です。

本来なら関わってはいけない

舐められてしまった時の営業マン自身の気の持ち方についても触れておきたいと思います。

やはり、風格や実力などの面で営業マン自身がショボければ、お客様は舐めてくるものです。それは当たり前。なので、舐められなくなるためには、営業マンが実力をつけることが、一番手っ取り早い。

それが大前提としてあった上で言いたいのが、こういった理不尽にマウンティングをとってきたり、差別的なことを言ってくる人、存在を否定するように舐めてくる人というのは、基本的に相手にしてはいけない人だということ。なので、本来は関わらないようにすべきです。

気の弱い営業マンは、そういうモンスターのマウンティングや人格否定を真に受けて「俺はほんとに価値がないんだ」とか「営業マンって社会の悪なんだ」とダメージを受けてしまうかもしれませんが、そんな必要は全くありません。

たとえば、「営業マンなんて全員クソ」「営業マンはみんな詐欺師だ」というような人がいたとして、これは**冴えない男が「女なんてマジ全員クソ」「女はみんな性格悪い」と言っているのと同じ**です。

今まで、しょうもない女性としか出会えなかった、自分の男としての実力の低さ、運の低さがクソだという話で、その自分の実力レベルが低いことを高らかに叫んでいることに気づいていない。

「営業マンなんて全員クソ」「営業マンはみんな詐欺師だ」と言っている人は、それは今までいい営業マンに出会ってきていないその人の実力の低さ、運の弱さを自らアピールしている恥ずかしい奴だというのが私の考えです。

23 売ってはいけないお客様

1億円の契約でも関わるな

世の中には、お客様にしてはいけない人というのが存在します。私も過去、とんでもないモンスターをお客様に持ってしまった経験があります。いくら契約高が大きくても、後々それ以上のダメージを食らうんですよね。

家に帰ってからもクレームの電話がきて、めっちゃ時間を取られるし、神経をすり減らす。そのトラウマでテンションがダダ下がったままずっと営業をしなければならないので、本当にいいことがありません。こういうモンスターをお客様にしちゃうと、仕事がきつくなるのを通り越して、人生が苦しくなってしまいます。

なので、たとえ1億円の契約だったとしても、絶対にお客様にしてはいけない。関わりすら持たないようにしてください。

この、お客様にしちゃいけない人を見分ける方法が、私の中で三つあります。

①激しい言葉で非難する人

たとえば**「この間〇〇行ったら、その担当の〇〇って女がほんまクソボケで」**とか、**「あいつ殺したろうかな」**みたいなことを言う人っているんですけど、私の経験上、そういう激しい言葉で人を非難するお客様と契約をすると、後から絶対に問題になります。どんな高額な契約でも絶対に売ってはいけません。

②仕返しをしたエピソードを武勇伝のように話す人

これは雑談などで不意に見られるんですけど、①とちょっと似ていて、**「昔、変な営業マンからこういうことされてさ、だから金融庁に電話して潰してやったんよ」**みたいに、人に仕返しをしたエピソードを武勇伝のように話す人がいるんですね。

これ、絶対にまた同じようなことをします。問題が起こる人なので売ってはダメです。

③予定を変えまくって振り回す人

「この日、会社の会議が入ったのでキャンセルで」とか、当日になって**「やっぱり夕方ちょっとアレなんで夜にしてもらっていいですか？」**みたいに会う約束をグッチャグチャにしてしまう人。

これは予定以外にも、たとえば「これじゃなくてもっと別の資料送って」などとメールや電話でもグチャグチャにかき回す人がいて、どちらも絶対にお客様にしちゃいけない人です。そういう人と関わってしまうと時間もめちゃくちゃ割かれるし、常にその人の対応のために頭のリソースをたくさん取られてしまうので、神経もおかしくなってしまいます。

野村證券時代に出会ったモンスター

実は私の野村證券時代の1人目のお客様が、この①と③のハイブリッドでした。70歳ぐらいの未亡人のおばあちゃんで、株好きの資産家だったんですけど、自分を中心に世界が回っていて、かつ人を激しい言葉で非難しまくるわけです。

もちろん、お金はあるので高額取引をやってくれて営業成績は上がるんですけど、「資料がないんだけど」「明日ちょっと無理になった」と振り回されて、自分の頭のリソースの7割がその人の対応で埋まってしまう。

人に対して激しい口ぶりで非難するので、もちろんそれは僕に対しても来るわけです。土日もお構いなしに電話で激しく罵《ののし》られるので、心はどんより。それが半年、1年、2年と続いて、本当に時間の無駄だったなと思います。**キングボンビーを引いちゃったようなもの**ですね。

今はそういう人を見分けられるようになったので、契約する前にフェードアウトするようにしていますが、契約をしてしまったらどうしようもないところもあります。

とはいえ、「契約したって言ったけど、お前、重要事項の説明してないやろ」「保険業界に吊るし上げんぞ」と、要は陥《おとしい》れるがために変なところを突いてくる最悪のモンスターに出会ってしまった場合は、

「解約するならどうぞ。私に一生連絡してこないでください」

とスパッと切りましょう。たとえそれで自分に100万円のペナルティが発生したとしても、モンスターとの縁を断ち切らなければ自分がやられてしまいます。

24 目標数字はその場その場で変えていい

営業を行う会社はどこも、今月は収益200万とか、この商品を○十件売れ、といった具合にノルマが決められます。

よく、教科書で勉強しただけの活字ピープルが「結果を出すためには、まず目標を立てろ」とか、「高い目標を掲げて、そこに向かって一生懸命努力することが結果を出す方法だ」みたいなことを言ってるんですけど、これは結構机上の空論にすぎない。

結論、営業においては、私は具体的な目標数字をガチガチに決めるのは無意味と思っています。

というのも、目標数字を立てても結局、予想通りにいったことがない。

営業というのは、お客様相手のことだし、運によるところも大きい。一般的な仕事のように、これだけやればこうなるという確定要素が全くないんです。最終的な数字を事前にすべて読めるわけがないので、1ヶ月先、1年先の数字を立てることはマジで意味がないんですね。

数字の呪縛にとらわれるな

では、どのように目標を立てたらいいか。

「今の自分よりもちょっと上を目指して常に歩き続ける」

というのが、私の結論です。たとえば、月が始まって最初の3日間ぐらいで同期のほぼ最下位だったとして、この1週間で最下位よりもちょっと上に行こうと、その場その場で目標を変えていくイメージ。

今日はここに行って無理だったからちょっと目標を下げようとか、意外と行けた時は、そこで止まるんじゃなく次はここまで行こうといった感じに、言っていることは日によってバラバラでいい。その場その場でちょっと上を見てやり続けることが大事なんです。

先の目標を決めてしまうと、たぶん99%その通りには行きません。だったら、何のための目標か分からないし、その目標のせいでやる気が萎えることもある。

自己啓発本には、1年後、5年後の自分をイメージして「自己実現ノートを書きましょう」みたいなことがよく書かれています。

それは受験勉強のような自分との勝負だったら効果があるかもしれないけど、相手ありきの営業でそれをやっても、上手くいくわけがない。

というのも、私が頑張ったからといって、お客様が保険を買うかどうかは分からないわけです。**言ってしまえば、恋愛の目標を立てるようなもの。茶番にもほどがある。**

私は、さらに大きい最終的な目標も、数字においては全く持っていません。常に今の自分よりもちょっと上、その場でその場で自分の都合のいいように変えています。

月に少なくとも3人は新規のお客様をつくろうと最低ラインだけは決めていますが、あとは「なるようになるっしょ」という感じ。自分が萎えずにやれるほうが重要だと思います。

25 私が実際使っている細かい営業テクニック

電話は指定時間ぴったりにかける

まずは、時間を指定してぴったりの時間に電話をかけるというテクニック。

たとえば営業マンからお客様に「明日、電話しますね」という状況になった時、「明日、電話しますね」ではなく「明日の15時に電話しますね」と電話する時間を指定してしまうのです。

そして、**当日は14時50分ぐらいからずっとスマホを見て、15時ぴったりに着信を残してください**。自分の言ったことを1分も違わずにやり遂げることで信頼値を積み上げていくわけです。

一見、めちゃくちゃ地味な行動に見えますが、実際の営業なんてこんなもの。地味なことの積み重ねでしか信頼は得られないのです。

時間を指定することには、もう一つ理由があります。「明日の15時に電話します」と伝えておくことで、相手もその時間に電話がくることを分かっているので、実際に出てもらえる確率が上がるんです。ちょっといやらしい言い方になりますが、こっちが指定したことによって、お客様にとっても約束事のような形になるんですよね。

他のお客様の話をして安心感を与える

他のお客様の話をすることもテクニックの一つです。

たとえば、目の前のお客様に対して「今、300人ぐらいのお客様を担当させていただいてるんですが」とか、「私の他のお客様でこの保険に入ってる方がいまして」といった形ですね。もちろん、個人情報については話しません。

他のお客様の存在を話すことによって、「この人は300人から信頼を得ているんだ」とか「自分以外にこの保険を契約する人がたくさんいるんだ」と安心していただけるんですね。

商談というのはどうしても、お客様と営業マンというこの二者間の話になります。お客様の立場からすれば、他の人はどうしているんだろう？　という疑問は必ず浮かぶことだと思います。その部分を緩和するイメージですね。

先に自分のことをさらけ出す

商談でお客様がなかなか話してくれないことがあります。私の場合でも、1年に2回ぐらいはあるでしょうか。そんな時に、どうやってお客様から本音を引き出すのか。それは、営業マンから先に自分のことをさらけ出すというのが答えです。

たとえば、「私はいつもこうやってお客様に営業をしてる側の人間なんですが、先日、不動産の営業を受けたんですよ」「その時に私がデメリットの部分を指摘しても、答えが全然返ってこなくて」「今まで、そういう経験ってありませんでしたか？」といった感じです。そうすることによって、目の前のお客様の営業マンに対する考え方だったり、何らかのヒントが出てくる可能性が生まれるのです。

ここまで直接的でなくても「先日、妻としょうもないことで喧嘩してしまったんですよ」「○○さんもそういうことありますか？」と振ってみれば、うちの旦那もどうでこうでと、話し始めてくれることがあります。

なので、お客様がなかなか話してくれない時には、先に営業マンである自分がさらけ出すのがいい。

ただし、この時に注意しないといけないのが、「こいつ営業マンのくせしてなんか自分のことめっちゃ話してくるやんけ」と思われないようにすること。

枕詞として「すみません、ちょっと私の話になっちゃうんですが」とつけて切り出したほうがいいケースもあります。

お客様を名前で呼ぶ

お客様を名前で呼ぶというのも細かいテクニックの一つです。これは単純にお客様との距離を縮めるためにやります。

「お客様」と呼ばれるのと「○○さん」と呼ばれるのではどっちが嬉しいかという話で、

私個人としては、名前で呼ばれたほうがなんとなく親近感が湧きますし、そっちのほうが嬉しいんじゃないかなと思います。

私は、相手が社長であっても、「社長」ではなく名前をつけて「○○社長」と呼ぶようにしています。

「一番大事なところ」と強調する

商談中は営業マンとしてここだけは伝えたいという部分と、別にそこまで重要でない部分があると思います。そこで、話に強弱をつけるための使えるテクニックがあります。

やり方はシンプルで、強調させたい箇所の前で枕詞をつけてしまうんです。

「正直言うと」とか、「ここが一番大事なところなんですけど」って言ってから、強調させたい話をして、それ以外は普通に話すイメージですね。

たとえば、新規のお客様と面談をしたとして、今までに色々な保険営業マンに会ってきたことなどが雑談で分かったとします。

「なるほど」「大変でしたね」というふうに相槌を打ちつつも、自分の強調させたいことを言う時には、**「色々と提案は受けたと思うんですけど、保険加入で一番大事なところは～」**と枕詞を入れてしっかりと聞かせにいくようなイメージです。話に緩急をつけるというのは、大事な営業テクニックの一つです。

26 紹介営業の極意

営業マン、特に保険営業マンにとって「紹介」はとても重要です。私も、現在はほぼ100％お客様からの紹介で、新規のお客様を獲得しています。

「紹介が途切れるということは、保険営業マンにとって死」と言ってもいいでしょう。

もちろん「ほけんの窓口」のように、店で座って待って、来たお客様を捌《さば》くだけの仕事もあるかと思いますが、あれは固定給で働くサラリーマン。年収5000万のような一攫《いっかく》千金《せんきん》を狙いに行くのであれば、フルコミッション（完全歩合制）で自ら開拓していく必要があります。

そのためには、極端に言ってしまえば、営業力や商品説明力はぶっちゃけどうでもよくて、人と会えるかどうか。この人繋ぎ能力が高ければ、稼いでいけるのです。

では、どうすればお客様から紹介をもらえる営業マンになれるのか。

紹介を引き出すまでの手順

まずは、いつ、お客様に紹介依頼をお願いすべきか。

結論、成約後すぐにやってください。つまり、商品の契約が成立した後、その場で紹介依頼をするわけです。

お客様が商品を契約したということは、お客様はその商品を契約することを納得したということ。納得したということは、この段階で営業マンと商品自体には満足している状態です。

後日、数ヶ月後となると熱が冷めてしまっているので、**「鉄は熱いうちに打て」**の法則から言っても、契約書を書いた後、その場で紹介依頼すべきです。

では、ここから紹介依頼の具体的なやり方を解説していきます。工程は七つ。

① 初めて会った時から「紹介」というワードを刷り込む

まずは営業のゴールを「契約」ではなく、その後の「紹介」に置くということが大前提。初めてお客様に会った時から、契約後の紹介を見据えて営業をする必要があります。

多くの営業マンは契約をゴールにしていると思いますが、そうではなく、紹介をゴールにすること。この価値観はめちゃくちゃ大事で、**極端な話、「お客様に契約していただかなくても、紹介をもらえれば100点」**というくらいの気持ちでいかないと紹介はもらえません。

そして、その紹介というゴールにたどりつくための第一工程が、「紹介」というワードの刷り込みです。初めてお客様と会った時から、とにかく「紹介」というワードを連呼してください。

「○○さんから紹介いただいた△△さんですね」

「○○さんも□□さんの紹介で、こうやって紹介紹介で繋がっていただいて、このようなご縁をいただきました」

「この後も、紹介されたお客様に会うのですが」

「最近ありがたいことに、お客様からよく紹介いただけるので」

「昨日も紹介で長野に行ってました」

このように、会話の中に「紹介」という言葉を単純接触の原理で何度も刷り込むことによって、「この営業マンは紹介でやってるんだ」「紹介をもらって嬉しそうにする営業マンだな」といったイメージをお客様に植えつけるのです。

なぜここまでする必要があるのか。契約後にいきなり営業マンが「紹介してください」と言っても、正直厳しいからです。「え、そんなこといきなり言われても……」と、お客様からすれば、いきなり槍を突き刺されたような感覚になってしまう。一般の人からすると「紹介」というのは結構重いワードなんです。

だから、先の契約後を見据えて、初めて会った時から「紹介」という言葉を何度も使って慣れさせます。

② 雑談や商談中に、おいしいお店を紹介してもらう

これも初めてお客様に会った時から、最後の紹介を見越して行います。たとえば、雑談の中で「この後、この辺で昼ご飯食べようと思うのですが、おいしいラーメン屋さんを知ってますか?」といった感じ。

ここでお客様が「そういうのは特にないですね」といった反応をしたら、おそらくその

人から新規のお客様の紹介は出ません。もし、「あそこの○○というラーメン屋おいしいよ」と答えたなら、その人は契約後に紹介を出してくれる人かもしれません。

つまりこれは、「友人などを紹介する」というのは結構重いことなので、その前に何段階もレベルの低い「お店を紹介する」ということで「紹介」に慣れさせるのが目的であって、また「この辺でよく行くご飯屋さんってどこですか？」の時の返答の雰囲気で、その人が紹介してくれる人かどうかを見極める方法でもあるわけです。

③成約後、商談の感想をお客様に聞く

ここからは契約後の話です。契約が終わったら、商談の感想をお客様に聞いてください。「精一杯ご説明させていただきましたが、私の商談は正直どうでしたか？」といった感じです。当たり前ですが、お客様は契約をしたので、営業マンに対しても、商品に対しても満足している状況です。そして、その「満足している」ということを、お客様自身に自認してもらうのが目的です。

お客様の立場からすれば、いい営業マンでいい商品でなければ人に紹介なんてできません。だから、お客様自身に「営業マンも商品もよかったと自認させる」必要があるのです。

④ 紹介するメリットではなく「大義名分」を提示する

これは正直難しくて、営業マンのセンスが出るところです。要は、**紹介すること自体をお客様にとっての「give」でなく、お客様にとっても紹介をする必要があるという「must」にする**ために、説きに行くということ。

営業ノウハウ本にはよく「紹介営業は相手に紹介するメリットを提示せよ」と書かれていますが、経験上「メリット」だけでは甘くて、それだけでは紹介をしてくれない可能性が高い。だから、メリットではなく「大義名分」を提示する必要がある。

お客様に「〇〇の理由から、あなたはお友達を私に紹介したほうがいいです（紹介すべきです）」という〇〇の部分を考えて伝えましょう。たとえば、こんな感じです。

「〇〇さんがご紹介してくれたから、△△さんとご縁をいただけて今回このように契約ができて、私も嬉しいです」

「ご縁があったのは〇〇さんが紹介してくれたおかげなんですよ」

「ここで途切れてしまうと△△さんは、ただ受け取っただけの人になります。これを返さないといけないので、△△さんもぜひ同じ会社の後輩を紹介してください」

「だって、〇〇さんからの紹介でこの場をいただいたんですよ」

と、まあちょっとセコいんですけど、無理やり大義名分にもっていく。別に、よく考えたらそんなん知らんがなっていう話なんですけど、アドリブでそれっぽい流れにもっていって、大義名分をつくってしまう。

ここで言う大義名分とは**「○○だから、あなたは私に紹介するのが道義ですよね」**という、きつい言い方すると圧力です。

「俺がつくるおいしいラーメン食べたんだから、1500円払うのは当たり前だよな」という感じですね。ただし、圧力が強すぎると、お客様にドン引きされて信頼を失ってしまうので注意が必要です。

この時、どんな理由がお客様に刺さるのかはお客様によって全く異なるので、それぞれの大義名分はその場のアドリブで考えなければいけません。もし、大義名分が思い浮かばなければ、紹介をするメリットを語るだけにとどめておいてもいいでしょう。少なくとも「○○の理由で、紹介してください」の○○の理由の部分は必ずつくるようにしてください。

⑤「○○な人を紹介してください」と対象を絞って言う

いよいよ、お客様に紹介依頼をする段階です。

当たり前ですが、「○○な人を紹介してください」と目を見て言いましょう。言わなければ紹介は絶対にもらえません。

超大事なことなので、もう一度言います。面と向かって「○○な人を紹介してくださ い」と言わないと、紹介はもらえないのです。これは「付き合ってください」と言わなければカップルにならないのと同じ。

この時に気をつけなければいけないのが、**「誰でもいいので紹介してください」は絶対にNG**です。

誰でもって誰のこと？　と逆にイメージが湧かないし、それと同時に「おいおい、誰でもいいのかよ」という感情になって、こちらのプロ意識を感じてもらえなくなってしまう。

そうではなく、たとえば「同じ会社の、同じ部署で働いている、後輩の男性で、大学でサッカー部か野球部の人を紹介してください」といった感じに絞れば絞るほど出てきやすい。

たぶん、営業マンは絞りすぎて当てはまる人がいないリスクにビビると思うんですけど、該当者がいないとなったら「そういう奴はいないけど、体育会じゃないといけないの？」というふうに、逆にお客様の頭の中に、具体的に紹介できそうな人間が浮かぶわけです。

なので、ここのポイントは絞りに行くこと。経験上、絞れば絞るほど紹介はもらえるようになります。

⑥候補に挙がった人の名前を紙に書いて、どういう人か話してもらう

次に、お客様の口から紹介しようと思う人の名前が出たら、お客様の面前でその人の名前を紙に書き、その人柄について色々話してもらいます。

これをすることで、口約束のような軽い約束ではないことをアピールするのです。**「同僚の○○さんですね。聞きましたよ」**と、冗談ではなく、本当に○○さんを紹介してください よというニュアンスを伝えた上で、お客様からその人について話を聞き出します。

この時、紹介していただく人のことをできるだけ詳しく聞いてください。「○○は昔サッカー部で〜、今の仕事は〜、結構面白い奴で〜、一緒によく飲みに行くんで〜」と。そうすることによって、お客様が実際に○○さんに連絡する可能性が上がります。

最後に「○○さんてそういう人なんですね。私、そういう人好きなんで合うと思いま

す」と言って、紹介のクロージングをかけにいきます。

⑦お客様と一緒に、どうやって紹介するかを考える

ここまでの過程で、〇〇さんを紹介してもらうことになりましたが、紹介元となる目の前のお客様もプロじゃないので、この〇〇さんになんと言って繋げばいいか分からないいんですよね。「保険に対してマイナスのイメージを持っている人もいるから、どう言ったらいいかな」みたいな。

なので、ここからはお客様と一緒になって、この〇〇さんをどうやって落とすかを考えます。

たとえば、社会人で保険に入っていないという人はあまりいません。なので、紹介をした時に「もう保険入ってるから俺は必要ねえよ」という反応は絶対にくると思います。

そういう時も、「こう言われたら、こう言ってください」と相談しておきます。「俺、入ってるからいいよ」と言われたら、**「だからお前に電話したんだよ。入ってる人ほど話聞いたほうがいいんだ」**と、この返しですね。あまりガチャガチャと多くのことは言いません。

「こういった文言でどうですか」

「これだとアイツはたぶん断ってくると思う」

「じゃあこの文言で、今日のうちにLINE送ってください」

と、ここで一気に肩を組んで仲間になるというのが、最後の工程です。

最初は必ず「2人まで」にすべき理由

たまに「宋さん、俺10人ぐらい紹介できる後輩いますよ」とか「20人ぐらいは紹介いけるけど」とか言うイキりたがりのお客様がいるんですが、10人紹介できる、20人紹介できると言っている人でも、最初は必ず2人で止めます。

というのは上からドラフト候補が10人いたとして、たぶん一番上のドラフト1位が一番確度が高いんですね。8位ぐらいになってきたら、もう言ってみるだけで、ぶっちゃけあんまり会えへんし、みたいな。

たとえば、紹介元のお客様が一番最初にドラフト5位に連絡して、「そういう保険屋とかいいから」とノーを突きつけられたら、そのお客様は、その後に誰にも連絡をとってくれなくなります。そうなると、確度の高いドラフト1位の人にも繋がらない。

だから、10人いけると言われた時も**「ありがとうございます。でも、その中で一番仲がいい人って誰ですか」と上から2人だけ聞く**んです。

まずはその2人にだけ連絡してもらって、OKが続けば、お客様も調子に乗って、ドラフト3位以降にもどんどん連絡していくんですよね。

もっと細かいことを言うと、ここで止めておいた上で、1位の人と2位の人に会った時、「今日○○さんに会えたのは（紹介元）さんのおかげなので、（紹介元）さんに、ありがとうということだけ言っておいてくれないですか」とお願いすると効果的です。

紹介した方から感謝の連絡がいくと、紹介元の人はめっちゃ気分がよくなって、またグワーッと紹介を繋いでいってくれるようになるのです。

27 買う人、買わない人の見分け方

営業マンであれば、様々な新規の見込み客と面談します。もちろん、買う人もいれば買わない人もいます。

センスない営業マンは、この見極めがアホ。つまり、買わない見込み客相手に膨大な時間と労力を使っています。常に保留され、予定表が保留客で埋め尽くされる。当然成果は上がりません。

多くの営業マンが気づいていないのが、基本的に保留なんて存在しないということ。イエスかノーか。**保留になるお客様は、答えは結局「ノー」**。

お客様の目的は情報を取ることで、それに対してお客様に満足する話をすることが営業マンの義務。ではお客様の義務は？　その営業マンの話や提案に対して、イエスかノーかを決めることです。契約しろというのではなく、答えを出すことが義務。

もし保留されれば、営業マンは秒速で切って、次の見込み客を見つけに行く。「決める」ことが義務と思っていない人に時間と労力は使うべきではありません。

「買わない人」の口癖と特徴

話を戻すと、「買わない人」とは「決める気がない人」もしくは「決めることができない人」のことです。

「買わない人」の口癖や特徴が三つあります。

①「契約するか分からないけど、とりあえず話聞かせて」

これは経験上、買わない（決める気がない人）可能性がほとんど。「注文するか分からないけど、とりあえず味見させて」みたいなイメージ。初っ端から決めることを避ける気満々。あまり時間と労力は使わないほうがいいです。深追いしてはいけません。

②本題から雑談にすぐに移行したがる人

これも結局、「決める」ことから逃げる人あるある。ちなみに経験上、こういう人ほど雑談を楽しそうに調子よく話します。

③「話、聞くだけ聞こうか」

これはもはや、営業マンが舐められています。営業マンのショボさが原因のほとんど。プロの情報はそんな安いもんじゃないし、そんな安いものと思われてはいけません。このパターンも、お客様が決める気がそもそもありません。「まあ、なんかいい情報聞ければいっかなー」くらいにしか考えていない。秒速で切りましょう。

実際、営業マンと対面して、買うのか買わないのかを決めるのは「胆力《たんりょく》」が必要です。胆力とは、一言で言うなら度胸。胆《きも》っ玉です。営業マンは、お客様の胆力を見極めるべし。胆力レベルが低いお客様に自分の時間と労力を大きく割いてはいけない。胆力レベルが低いお客様ほど、一見営業マンに優しく、愛想よく、楽しそうに雑談するんですけどね。

PART 3

〝売れる〟人間力を生み出せ

28 お客様はなぜ「あなた」を選ぶのか

商品力ではなく人間力

世の中には、営業マンが死ぬほどいます。そんな中から、お客様に自分を選んでいただく「理由」を、必ず営業マン自身が考えないといけません。

自分だけしか取り扱えない固有の最強商品があれば話は別ですが、そんな最強商品を自分だけが持っているなんて状況はほぼあり得ない。というか、もしそんなものがあれば、営業しなくても死ぬほど売れるし、営業マンの存在価値なんてないのです。

つまり、商品以外に自分の価値をどう生み出すか？　いくつかあるので紹介します。

①コンサル力

たとえば保険営業マンであれば、保険の知識は当たり前で、その他に税務知識、財務知識、証券知識、不動産知識など関連する付属知識に長けているほど、複合的に考えてコンサルティングできます。つまり、他の保険営業マンとは違う切り口で保険について話せるので差別化できるのです。

②会って話すと楽しい、元気が出る

商品がどうとか経済合理性がどうとかではなく、人として好かれるパターン。たとえば、カット代3万円の美容室でも、担当美容師が長澤まさみだったら余裕でお願いしますよね。カット技術とか金額とかクソどうでもいい。ただ長澤まさみと楽しく話をしたいので3万円払う、というパターン。お客様は元気が出て仕事のモチベーションも上がります。

③こいつと付き合っておけば将来何かプラスがあるかもしれない

この営業マンに貸しをつくっておけば、将来、何か返ってくるかもしれないと思われて選ばれるパターン。つまり「人間に投資する」みたいなイメージです。投資されるためには、自分をどう見せれば投資したいと思われるのか？　「信頼を積み重ねる」「道義を理解している」「セコいことはしない」「与えれば返ってくる人間か」「背後にある影響力、人脈、資金力」など、ここは徹底的に考えて価値をつくり出せるよう努力してください。

④シンプルに「この人を応援したい」

ぶっちゃけ、新人営業マンはここで勝負している人が多いと思います。まだバリバリのコンサルなんてできないし、投資されるほどの人間にはまだなれていない状態です。一生懸命さ、必死に頑張っている態度というのは、お客様は好印象を持ちやすく、確実にモテるのです。

⑤これだけやってもらったのでこの営業マンに頼む

情報提供、対応、本業以外のところでもお客様に無償の「give」をしたので選ばれるパターン。つまり、感謝される→選ばれる。人間、やってもらったことは返さないといけないという心理があるのでここを突くのです。

⑥憧れの存在

これは②③④を組み合わせて派生させたパターンで、この人の生き様を見届けたい！　私が尊敬するこの人と繋がっておきたい！　そのためにお客になるみたいな、ある意味、教祖的存在。実はフルコミッションの保険営業マンで、このパターンは普通に存在します。お客様がドヤ顔で自慢げに「俺、○○さんが保険の担当者なんだぜ！」みたいに言っているのです。「俺、ダルビッシュさんに投げ方教えてもらってんだよ。俺の担当になってくれたんだよ（ドヤ顔）」みたいな感じ。

以上六つ。全部持っていれば最強。自分が選ばれる理由は？　客観的に俯瞰《ふかん》して考えてみてください。そして、お客様から「商品以外のあなたの価値は？」と聞かれれば秒速で答えられるようにしておくことが大前提です。

29 調子乗り力

営業マンというのは、結果がすべて、数字がすべての世界です。

私も社会人になってから、ずっと結果と数字に追われて仕事をしているので、コンビニでお釣りをもらう時に、店員さんに「今月、大丈夫です」と答えてしまったこともあります。それくらい常にメンタルが追い込まれているわけですね。

ともかく、受験にせよ、スポーツにせよ、仕事にせよ、自分なりにやって結果が出る時もあれば、出ない時もあります。ただし、結果が出た時には共通するメンタルがあることに気づいたので、それについてお話ししていきます。

「なんか、行けるかも」こそ大事

これは、営業あるあるですが「今月、絶対にトップ取ってやる」と、いつも以上に行動量を増やして頑張ってみても大した結果が出なかったり、一方で、いつも通りやってたんだけど、途中で何か行けそうだなと感じてアクセル踏んだら、一気に吹き上がってトップを取りました、みたいなことが起こります。

つまり、高い目標を立てたり一生懸命頑張ることも確かに大事だけど、それよりも「なんか、行けるかも」という感覚に気づける嗅覚のほうが大事だと、私は思っています。

たとえば、新商品を取り扱うことになって、まだこの商品で成功体験がないな、不安だなという時に、1個売れたとします。その時の営業マンのメンタルは、二つのパターンに分かれます。

まず一つ目が「やっと1個売れた。まだ1個なので、これからも一つ一つ積み上げたいと思います」というパターン。

これは**謙虚なように見えるけど、自分でチャンスを潰してるアホ**です。ただ、経験上、このメンタルの奴が多すぎなんですよね。

そしてもう一つが、「1個売れたということは、これ行けるんちゃうか」と思って調子に乗ってドンドンドンドン売りまくるパターン。

この「行けるかも」と感じることができる「調子乗り力」が、実はめちゃくちゃ大事なんです。


私が今やっているYouTubeチャンネルも同じで、最初は「1年後に、登録者数1万人行ったらいいな」みたいに言ってたんですけど、ぶっちゃけ、心の中では「無理でしょ」と思っていたんです。イメージすらできないと。

でも、0人からスタートして、60日を過ぎた頃に登録者数が600人ぐらいになった段階で「ん？　行けるんちゃうか」と思って、アクセルをギュッと踏んだんですね。そしたら70日後には3万人を超えていた。

つまり、自分で言うのもなんですが、**私の場合はイキリ族の血を引いて生きてきているので、**少し結果が出た段階で「行けるかも」という、この感覚を感じ取って、一気に波に乗って結果が出せるという特性があるんですね。


イメージとしては、営業でもYouTubeでも、普通に自転車を漕《こ》ぎ続けている感覚です。

ゴールを決めてるわけでも、目標を立てているわけでもなくて、特に一生懸命漕いでるわけでも止まるわけでもなく、普通に漕いでいる。

そうこうしてるうちに、**どこかのタイミングで「ん？　これ、行けるんちゃう？」という時期がやってくるので、そこで一気に立ち漕ぎをするようなイメージ。**

この「今、来ているんじゃないか」という感覚を、早い段階で感じ取れるかどうかが大切です。

結果が出せない人間のメンタルというのは、この「自分が少しでも向上している感覚」に気づけないんですね。なので、仮にスタート地点が底辺だとしても、少しでも自分の数字が上がった、伸びたという感覚を大事にしていけば、いずれ大きな成果に繋げていくことができるようになるんじゃないかと思います。

30 本番で実力以上の結果を出す方法

受験でも、スポーツでも、仕事でも「本番」という場面があると思います。この本番で力を出せるかどうかで、ゼロか100か結果が決まってきます。では、どうしたら本番で結果を出すことができるのでしょうか。

よく「本番は練習の50%の力しか出ない」と言われることがありますが、これはアホの言うこと。そんなに単純な話ではありません。

人間は三つのパターンに分かれます。

一つ目が、良くも悪くも必ず練習通りの結果を本番で出す人。本番でも実力をそのまま出しますというパターンですね。

二つ目が本番で120%の力を出す人。自分の実力以上のものを出せるパターンです。

そして、三つ目が本番で実力を発揮できない人。本番になると70%の力しか出せないような人がいます。

それぞれのパターンによって、本番で力を発揮するためのアプローチ方法は異なります。その方法を説明していきます。

まず、良くも悪くも本番で実力通りの自分が出せますという人の場合。

私の知り合いのオペラ歌手から聞いた話です。オペラ歌手って、毎日朝から晩まで、とんでもない量の練習をしているんですね。本番は一瞬だけど、その一瞬のためにものすごい稽古をしている。

一体、どんな心境で本番に望んでいるのか、そのメンタルについて聞いたところ、これまで何回も本番の舞台を経験しているから、練習をしておけば萎縮《いしゅく》することも舞い上がることもなく、必ず平常心で自分の実力が出せるんだと言っていました。

つまり、今までの経験から、本番で自分の実力を100%出せるということを知っているんですね。逆に言えば、本番で自分の実力以上のものを出すことができないことも分かっている。

こういう、本番で実力をそのまま出せる人がとるべきアプローチはめちゃくちゃ単純で、練習するだけです。実力がつけば、本番でもそれをそのまま100％出すことができます。

プレッシャーをアドレナリンに変える

次に、本番で120％の力が出せるという人の場合。

オリンピックの舞台で世界最速自己ベストを出して金メダルを取る選手のように、練習よりも本番のほうがいいパフォーマンスを出せるという人がいます。

もちろん本番だから緊張もしているし、プレッシャーが強烈にかかっているわけだけど、そのストレスをアドレナリンに変えているのだと思います。自分にさらにプレッシャーをかけ、スーパーハイテンションな状態に持っていっているんですね。

では、このパターンの人たちが、本番で力を発揮するためにどうアプローチをすればいいかというと、自分のテンションの上げ方を知ることです。

実は、私もこのパターンです。もちろん失敗することもありますが、大事な商談がある時は、そのプレッシャーや緊張を逃すのではなく、さらに自分にプレッシャーをかけて、スーパーハイテンションにもっていくようにしています。

みなさんも大事な商談がある日の朝は、ジェロム・レ・バンナの入場と同じ動きをしながら家から出ると思うんですけど、自分の頭の中にテンションが上がる音楽を流して、さも映画の主人公になったかのようにテンションを高めていく。こうやって、本番で120％を狙いに行きます。

本番に弱い人が取るべき、二つの手段

最後に、本番でなかなか自分の実力が出せない人の場合。

本番になると緊張で舞い上がってしまい、どうにもこうにもいかなくなってしまうということは少なくないでしょう。私も、その気持ちは分かります。

早稲田大学野球部時代の話です。ずっと下積みを続けて3年生の時に初めて1軍に呼ばれ、練習試合でピッチャーマウンドに立ちました。

私のような選手にはなかなかチャンスが回ってきません。ここで結果を出さなければ二度と機会が与えられることはないでしょう。その時の緊張とプレッシャーを今でも覚えているんですが、体がフワフワとして全身麻酔をされたような感覚になりました。

投球練習をしても地に足がついてる感覚がないので、**タイムをして審判に「地面どこですか？」と聞こうとしたくらいで、**練習通りの自分とは全くの別物になってしまったのです。

このように、本番で自分の実力が出ない人が取るべきアプローチ方法は二つあります。

まずは、勝負する業種・分野を変えてしまうこと。ちょっと元も子もない話なんですが、自分が本番に弱い人間なのではなく、やる業種との相性が悪いのではないかということです。

その業種ではなかなか実力が出せなくても、違う業種に行けば実力が出せるっていう人はいくらでもいます。なので、勝負する場所を変えてしまうんですね。

お客様に営業をした時に、どうしても緊張して言葉が出てこなかったり、舞い上がって変なことを言ってしまうような人は、営業ではない別の業種に転職してしまうというのも、一つの手です。

これは、別に悪いことでもなんでもなく、数ある仕事の中で対面営業という業種が向いていなかったというだけの話です。違う場所に行けば、しっかりと自分の実力、もしくはそれ以上のパフォーマンスを出せる業種があるかもしれません。

先ほど例に挙げたように、私は野球では緊張して70%の力しか出せませんでしたが、営業マンになってからはそういった経験をした覚えがありません。少なくとも自分の実力通り、あるいは120%の力を出すことができているのです。

とは言っても、転職なんてできないという方もいるでしょう。

こういった人たちは、もう正攻法で克服していくしかない。

正攻法で克服するためには、緊張やプレッシャーを正面から受け切ってください。緊張やプレッシャーを逃がしてしまうと、経験値が積み上がっていかないので、耐性が一生つかないんです。

よく瞑想《めいそう》や深呼吸をすれば落ち着くだとか、わけの分からんことを言ってる人がよくいますが、そんなフワフワした緊張状態を深呼吸一発で克服できるわけがないし、そうやって緊張を逃し続けていると、いつまでも本番に強くなれないので、オススメしません。

自分にとってそれが本番で結果の出せない分野であることを理解した上で、そのプレッシャーや緊張から逃げずに向き合うこと。本番でなかなか実力が発揮できない人は、そうやって耐性をつけて正面突破していくしかないのです。

31 大物相手にビビらない方法

人間、様々なビビる場面に出くわすことがありますが、「人に対してビビる」という状況があると思います。

たとえば、会社の偉い人や大物社長のお客様といった、自分の実力よりも数十倍、数百倍上のすごい人に会った時、どうやって平常心で対応するのがいいか。

私も新入社員時代や、年次が若い頃には対人でビビる経験が何度もありました。そういった、すごい人を前にすると、頭が真っ白になって「ありがとうございます」と「すいません」を連呼するしかありませんでした。

これは尊敬ではなく、必要以上に下手になったり、媚びてしまっている格好です。どうすれば人に対して物怖《ものお》じしないようになれるか、その考え方を説明していきます。

どんなにすごい人も、人間である

まず一つは「どんなにすごい人も人間である」ということ。

野村證券に入社する前は学生だったので、私にとって1万円は大金でした。でも、野村證券の営業フロアでは何百万、何千万で株を売った買ったと、とんでもない金額がバンバン飛び交っていて、入社した当時はまずその規模にビビりました。

そのフロアでは、50歳くらいの営業課長が威厳マックスでバキバキに活躍していて、早稲田大学の野球部で言うと、4年が1年のことなんか全く気にせず、レベルの違うプレイをしているような感覚でした。とてもじゃないけれど、**雑魚新人の私が話しかけられるレベルではない**と、その上司にもビビっていました。

入社からしばらくして、7月に会社でソフトボール大会があった時のことです。

他社と対決することになったのですが、私は大学で野球部に入っていて、引退からまだ数ヶ月、証券マンといえどもほぼ野球選手、みたいな状態です。「自分の土俵が来たな」とワクワクしていたのですが、そこで衝撃的な光景を目の当たりにしたのです。

ソフトボール大会の当日、いつも威厳マックスの営業課長が、どうやったらそんな着方ができるの？　ってぐらいダサいユニフォーム姿でやってきました。会社では高そうなスーツをビシッと着て、眉間《みけん》にしわを寄せながら、怖かっこいいオーラを前面に出してバキバキに仕事をしている営業のボスの情けない姿。その姿を見て、私は面白がるような気持ちでもなく、なんだか膝カックンされたみたいな感覚になりました。

要するに、**会社ではバキバキオーラで、話しかけられないような雰囲気で仕事をしている人も、一歩外に出れば普通のパンピーのダサいおじさん**だということに気づいてしまったんですね。

試合前の準備運動で、走ったり、キャッチボールをする動きもなんだか、尻尾を切られて暴れてるトカゲみたいだなと。

でも、現実はそんなもの。どれだけ会社ですごいと言われていたり、資産100億の経営者であっても、人間であることには変わりないんですね。

肩書きや資産、あるいはビジネス戦闘力があるということで、どうしても目の前にいる人間を神格化しがちだけど、それは自分が勝手に思っちゃっているだけのこと。どれだけすごい人も人間であるということを知れば、物怖じなんてしなくなります。

自分の価値はそれ以上でも以下でもない

二つ目が「自分の立場を確認する」ということ。

たとえば、私がスーパースターの松本人志と2人で対談したとします。こうなると、もちろん生き様からビジネス感から何もかも勝てるものがない。自分よりも数百倍すごい相手に対して、きっと物怖じするでしょう。

こういう局面に直面した時は、今まで生きてきた自分の過去や、やってきたことを一つ一つ確認していくのです。

私であれば、社会人になって証券営業を4年、保険営業を3年やって、計7年間、一人一人のお客様を相手にドブ板営業を繰り返してきたこと。これが、今の私の立場であり、価値であると。

そういったことを確認しないまま、自分の何百倍もすごい松本人志と対峙してしまうと、「そもそも何か話せることあんのかな?」とか「上手いこと笑いで返せんのかな」とフワッとなってしまい、間違いなく物怖じしてクラッシュしてしまいます。

そうではなく、自分のやってきたことはこれだと。**7年間ドブ板営業をやってきたことが私の価値であり、これ以上でも以下でもない。私のやることは、そのノウハウや経験を話すことだけだ**と確認することで、相手が松本人志だからって「お笑いに関して何か言わないといけないのではないか」とか「生き様についてどうこう」といった変な方向に思考が回らなくなり、自分のできること、やるべきことがすっきりと整理できるのです。

自分よりとんでもなくレベルが上の人に会った時は、まず自分のすべきこと、できることを確認して、それ以上でも、それ以下でもないという認識を自分自身で再確認することが大切。そこをクリアにしておけば、物怖じすることはなくなるでしょう。

32 人間にモテるより ヤギにモテるほうがすごい

私は**「即席自信製造機」**というあだ名で呼ばれているくらい、自信を持つことが上手いです。

大前提として、自信というものは絶対にあったほうがいいです。特に営業職をやってる人に関しては、自信があるかどうかが結果に直接影響してくるし、自信を持っているかどうかは相手のお客様にも透けて見えてしまいます。

では、どのようにして自信を生み出せばいいのでしょうか。

自信は、「持ったもん勝ち」

自信とは、自分で都合のいいように基準をねじ曲げて、自分自身でつくるものです。

世間では「一生懸命頑張っていれば、自ずと自信はつく」とか「結果を残して成功体験をつくれば自信がつく」といったことが言われていますが、もうアホかと。

もちろん、誰もが分かる実績を残せば自信にも繋がるでしょう。**でも、そんなのを待っていたら2万年かかってしまいます。**

加えて、じゃあ実績がある人はみんな自信を持っているのかといえば、そうではなく、逆に大した実績がないのに自信を持ってる奴が結構いるんですね。

なので、結果や実績、他人からの評価によって自信がつくというのは大間違い。

私の体験談ですが、早稲田大学野球部時代の同期や後輩にめちゃくちゃ才能があるピッチャーがいっぱいいたんです。軽く投げて140キロ超え、なんならもう150キロぐらい普通に投げますみたいな。

こういう奴らが案外自分に自信を持てていなくて、実力の割に結果がともなっていなかった。私からすれば、野球をやるために生まれてきたような、それだけの才能があってなぜ？　と思うわけですが、当の本人は全く自信が持てずにいるわけです。

一方、営業の世界では、こいつ大して才能ないだろうなっていう営業マンが、契約をポンポン取って楽しく仕事をしてたりする。傍《はた》から見て、明らかに才能はないんだけど、すごく自信を持って営業してるんです。

「お前、なんでそんな自信あるの？」と聞いてみても、大した成功体験を持っているわけでもなく「よくそれで自信持てるな」みたいな感じなんですが、当の本人はそんな些細《ささい》な成功体験を自信にして、上手くやれているんですね。

つまり、自分の中にある自信なんて、**他人からの評価や目に見える実績とは関係がなく、雑に言ってしまえば「持ったもん勝ち」**なんです。

あらゆる出来事を自信に変える

自信というものは、持っているか、持ってないかの二択。だから、ちょっとパワープレイではありますが、「自分で都合のいいように考えてつくり出すもの」というのが私の結論です。

私の場合だと、野村證券時代に、お客様である某社長から言われた、

「俺を広島の親父と思え。お前に預けるこの金は別にどうなってもいいから、証券の売買の練習として使え」

という言葉が、営業人生の自信になっています。

これって100億円の契約を取ったわけでもないですし、トップセールスを取ったわけでもない。

「そんなことで自信を持ってんのか？」と思われるかもしれないけど、100億円の契約を取るよりも、一人の社長にそう言われたことのほうが価値が高いと、自分の中で都合よく勝手に基準をねじ曲げているわけですが、自信が持てるならそれでいいんです。

ここまでの話でなくても、めちゃくちゃ小さな出来事でも構いません。

先日、家族で動物園に行ったのですが、ヤギを見ていたら、私の顔を見てヤギが近寄ってきました。この「ヤギが私の顔を見て近づいてきた」という出来事さえも自信に変えることができます。

たとえば、契約が何件か連続で取れなかった時、ちょっと自信が揺らぎます。「このままで大丈夫なんかな？」とか「俺の営業のやり方、悪くなってんじゃねえか？」みたいに

不安になると思うんですけど、そんな時にどう思えばいいかと言うと、

「ちょっと待てよ。この前、ヤギが俺の顔を見て近づいてきた。他にも色んな人がいる中で俺のところに来た。しかも、あのヤギは背中の毛が逆立っていた。あれは普通のヤギじゃない」

というふうに、その出来事をねじ曲げて、すべて自信にしてしまえばいい。

「目の前の人間にモテるより、特別なヤギにモテるほうがすごい」

この癖がついてるので、私は自信を持つことが上手いのです。

33 思考力がなければクワガタと同じ

ビジネスセンスがある人の特徴

「ビジネスセンスのある人」と聞かれて、パッと思い浮かぶ人はいますか？　ホリエモンや落合陽一など、こういう人達は「今後どういう世の中になっていくと思いますか？」とか「どの分野が儲かる業種だと思いますか？」とニュースキャスターによく聞かれ、国民からもどう答えるのか注目されています。

彼らに共通するのは「思考力がある人」ということです。

これは、独断と偏見による持論ですが、**「思考力のある人」というのは、なぜ成功したのか、なぜ失敗したのかを自分の頭で考えて言語化できる人**だと思っています。

つまり、すぐに答えの出ない、さらに言えば、誰にも答えが分からない問いに対して、自分なりに考えて言語化した答えが出せるかどうかに違いが出るのです。

思考力がない人は、すぐに答えを知りたがります。解答だけを表面的になぞって、本質的なところを全く考えない。

実際、ほとんどがこのパターンじゃないでしょうか。

たとえば、「YouTubeってどうすれば成功しますか？」と聞く人がいます。それに対して、コンサルのおっさんみたいな人が「ビジネス系ユーチューバーは早口でまくしたてるようにして話したほうがいい」とアドバイスすると、「なんか分かってきました。すごく勉強になります」と受け入れる。

これ、素直なわけじゃなく、**思考することを放棄してるクワガタ**なんですね。

なぜこんなにクワガタ人間が大量発生しているのかと言うと、小さい時から「1＋1＝2」みたいな答えがある問いに対して、正解を出すだけの教育をされてきたからだと私は思っています。

部活でも会社でも「素直な奴は伸びる」「言うことを聞く奴は偉い」と言われる風潮があって、**社会そのものがクワガタ大量製作所になっている**わけですね。

野村證券にマニュアルがない理由

私は、野村證券に新卒で入って4年間営業をしてきましたが、野村證券には営業のマニュアルやトークスクリプト（台本）が一切ありません。自分で考えてやれといつも言われていました。

マニュアルがないことは、目先の成果としては遠回りになると思いますが、試行錯誤して自分なりのやり方を編み出していくことで、思考力をつけさせる意図があったのかなと個人的には思っています。

答えを教えられないまま、答えがないことに対して必死に考えるという癖は、その時に鍛えてもらったので感謝しています。

ただ、一つ厄介なパターンがあって、クワガタはクワガタであるがゆえに大きな結果を出すことが稀《まれ》にあるんです。

これを私は「クワガタの奇跡」と呼んでるんですが、実際にごちゃごちゃと思考するよりも、あえてクワガタに徹して行動したほうが、自分の思考の外でとんでもなく大きな結果を生み出すこともある。

ただし、そこまでクワガタに徹することができるのも一つの才能と言えます。

やはり、常に答えの出ない問いについて、自分で考えて言語化しようとする習慣を積み重ねることで思考力を高めていくことが、ビジネスセンスのある人間になるための最適解ではないでしょうか。

34 「分からない＝嫌い」では置いていかれる

終身雇用が崩壊しただとか、個人の時代だとか、スキルを身につけて独立しようだとか、そういった風潮の中でこれから何十年とビジネスマンとして生きていくためには、スペシャリストを目指すべきか、ゼネラリストを目指すべきか。こういったキャリア論について考えてみたいと思います。

「この分野はめっちゃ詳しいでっせ」と一つの分野に特化した人材をスペシャリスト。一方で、色んな知識を持っていて「何でもできまっせ」というのをゼネラリストと定義します。

そのどちらになるべきかというと、私個人としては**「一周回ってゼネラリスト」になるべき**だと思っています。

その理由は、情報化社会によって一つの知識の正解に価値がなくなったからです。

たとえば、今は一般の方でも「医療保険ランキング」と検索すれば、1位から5位までの商品名が出てきて、人気のある商品が一発で分かります。要するに、分からないことがあっても、ググれば基本的にすべて正解が出てくるんですね。

ただし、資産を増やしたいと思った時にはググっただけでは正解を出せません。保険の積立をすべきなのか、それともＮＩＳＡで投資信託を積み立てるべきなのか、不動産投資をすべきなのか、はたまた金融投資ではなく副業を始めるべきなのか。副業をするにも、物販、ネットビジネス、ブログ、YouTube……と選択肢が無限にあるのです。

この色々な選択肢の中で、自分にどのやり方が合っているのか、それぞれのメリット・デメリットを考えた上で選択できることが、これからの価値になっていくと思います。

99・9％の人はゼネラリストを目指せ

これは実際の話なんですが、野村證券の証券マンは口癖のように「保険や不動産投資はクソ。絶対に株や投資信託で運用したほうがいい」と言うんです。

もちろんのことながら、この証券マンに保険や不動産投資の知識はありません。知識がない、分からないからこそクソだという言い方をしているわけです。つまり「分からない＝嫌い」という構図ですね。

一方で、今私がいる保険業界でも、保険営業マンは口癖のように「投資で運用するのはクソ。どうせ損をする」と言っています。結局のところ、この保険マンも、投資についての知識は全くありません。知識がないからこそ、クソだという言い方をしてるのです。

先ほども言ったように、これからはゼネラリストとして色々な知識を持ち、それぞれのメリットとデメリットを把握した上で、総合的な判断ができるかどうかが大切です。なので、もし転職を考えている人が自分の市場価値を上げようとするのであれば、異業種を選ぶことをオススメします。たとえば不動産の営業マンから、いきなりＩＴエンジニアになれば、不動産×ＩＴという特性ができるので、そのほうが価値は高くなるでしょう。

キャリアの一貫性という言葉をよく聞きます。たとえば、証券マンからスタートして、外資の証券会社に転職して、ずっと証券一筋で知識を尖《とが》らせていく。それがキャリアの一貫性だ、みたいなことを今だに言う奴がいるんですけど、今は２０２０年、令和の情報化社会ですよ？　と教えてあげたいです。

よくある書籍やネットのキャリア論には「スペシャリストになれば独立できる」と書かれていますが、一つの知識の正解に価値がなくなってきているので、スペシャリストの価値はどんどん落ちてきています。

もし、本当にスペシャリストとして食っていきたいのであれば、マジもんのスペシャリスト、イメージを挙げるなら「そのガンを治せるのは日本で自分だけです」くらいのレベルでなければ難しくなってくるでしょう。

おそらく99・9％の人は、様々な知識や経験を身につけて、そこから複合的に判断ができるかどうかが、今後を左右していくのではないでしょうか。

35 「悲劇のヒロイン」で全然オッケー

きついこと、つらいことの耐え方

人間誰しも、きついこと、つらいことを体験していると思います。

たとえば、物理的に仕事が死ぬほど立て込んでいて、1週間ぐらいまともに寝られていないとか、そのせいで精神的にすごく落ち込んでいるようなきつい状況にある時、どうやって耐えたらいいいでしょうか。

私は、耐えることには自信があります。学生時代から、色んな荒波に逆らってきたので、巷《ちまた》では「鮭か、宋か」といった議論になっているくらいでしょう。

よく「きつい時こそ笑おう」とふざけたことが言われたりしますが、そもそも笑えないからきついのだし、「きつい時は周りの人に相談しよう」と言われても、周りの人が答えを持ってるわけではないから、結局状況が変わらないということは自分自身がよく分かっているると思います。

そのような全く役に立たない助言がゴロゴロありますが、きつい時にどうすべきかと言えば、**正解は「自分に酔う」**です。

私が在籍していた早稲田大学の野球部は、真夏に3日間連続の強化合宿があるのですが、その練習量がとんでもなかった。ピッチャーの私は一日に50メートルダッシュを200本やらされたのですが、真夏の50メートルダッシュは、3本もやれば死にそうになるくらいつらいんです。

でも、ノルマは200本。残り197本もある。

普通、気合いというのは、最後のもうちょっとのところを、なんとか乗り切るために入れるものですが、その強化練習では残り197本の50メートルダッシュを気合いで乗り切らなければならないわけです。

つまり、スタートしてすぐに気合いが必要になるんですね。そんな練習量を3日連続でやると体は壊れそうになります。

でも、そんなとんでもなくきつい状況でも「イヤやな」「ほんましんどいわ」と思っている奴は誰もいませんでした。というか、そのテンションでやってしまうと、耐えられないんです。

では、その時の私たちがどんなだったかというと、全員がそれぞれ自分の世界に入って酔っていたんです。

三代目 J SOUL BROTHERS であるかのような立ち方で、たくさんの女の子から黄色い声援がバンバン飛んでいる中で走り込みをしているのだと妄想して、自分が映画の主人公になった気持ちで、

「きついことをやっている俺を見て！」

と酔っていました。ジャニーズのライブ終盤でも、いっぱい踊って疲れているのか分からないけど、最後のＭＣで、

「ファイナルツアー最終日、今日は来てくれてありがとうございます！」

と、自己陶酔している場面を目撃しますが、まさにあんな感じ。自分に酔うことが物理

的にきつい時の耐え方です。

メンタルボロボロの時も「自分に酔え」

一方、物理的にというより、精神的にきついという場合もありますよね。

実は、この時の耐え方も同じで「自分に酔う」です。

野村證券では新人時代に、定期的に研修を受けます。営業現場から一週間ほど離れて勉強をするのですが、その時は私を含めて男子3人、女子3人の同期6人で研修を受けていました。

支店に帰ってから、上司に研修で学んだことを発表することになっていたのですが、私はそのことを知らずにかなり適当に聞いていました。他の5人はビタビタに研修内容をメモっていたけど、私はノートも全く書いていなかったんですね。

研修の成果を一人一人発表していく中で、私の番がやってきました。当然、まともに報告ができるはずがありません。上司から激詰めに遭い、全員の前でフロアに立たされ、めちゃくちゃ怒られたんです。

当時は月間の営業数字も奮わず、さらにその激詰めがあったので、テンションは氷点下でした。色んなことが重なり精神的に死ぬほどしんどい状況。そんな時、私が考えていたのが「かっこいい歩き方」です。

私が詰められて落ち込んでいることは、フロア全員が分かっている。だから、席を立ってフロアの外に向かう時の立ち居振る舞いや歩き方も見られているのではないかと思い、**「めちゃくちゃきついけど、俺は毅然として歩きますよ」と、自分に酔って全力でイキりながら歩いて外に出た**のです。

実際、きつい部活や会社で「マジで今どん底だわ」と言っている奴って結構いるんですよね。そして、どん底と口では言いながら、そいつらはブロードウェイのど真ん中にいて「きついこの俺を見てくれ」と酔っています。

似たようなところで言うと、不倫をした芸能人が記者会見で毅然として質疑応答したりします。本来は、世間からのバッシングにえぐられて、たぶんメンタルはボロボロです。でも、

「そんな状況でも、俺は毅然として質疑応答しまっせ」

と、自分に酔っているわけです。

こういうことを言うと、悲劇のヒロイン気取りとバカにする奴もいますが、それできついことが乗り越えられるのであれば、私は全然オッケーだと思っています。

というか、私の感覚ではそれしかない。きつい時には、自分に酔っちゃうのが一番手っ取り早いし、周りからどう言われようが、耐えられるのであればそれでいいんです。

私自身、つらいことを耐えるために自分に酔いまくってきたので、今はテキーラを飲むよりもきついことがあったほうが酔えるんちゃうかな、というくらいのレベルになっています。

36
決断できる人間にはたくさんのメリットがある

自分の人生を振り返ると、2浪したこと、早稲田大学の野球部に入ったこと、野村證券に入ったこと、辞めたこと、ユーチューバーになったこと、すべてが自分自身による決断の連続でした。もしも決断力を測る機械があったら、きっとメーターを振り切ってぶっ壊してしまうことでしょう。そんな決断の鬼である私から、決断をするコツとその思考法についてご説明したいと思います。

優秀な人＝決断できる人

決断のコツは三つあります。
まず一つ目が「決断できる人間のメリットを知る」ということ。

スパッと決断ができる人間と、ウジウジと決断ができない人間だったら、もちろん決断ができる人間のほうがかっこいいですよね。

その上、なんとなく信頼できそうと思われたり、部下から慕われたり、人が集まってきたり、あるいは人生が好転する可能性があるなど、実際問題として決断ができる人間になったほうがメリットも明らかに大きい。

決断ができない人間というのは、すべてがこの逆です。経験上、仕事ができる人間や、周囲の人に慕われてる人間、キレキレの経営者というような人たちは、当然ですがみんな決断ができる人間でした。

なので、まずは自分の中に「決断できる人間はかっこいい」「決断できる人間になりたい」という価値観を持つようにしてください。

そもそも、**決断すること自体はストレスのかかることです。なので、自分が決断できる人間になりたいと思っていなければ、到底できません。**

まずは自分の頭の中で決断ができる人間になろうとすること、それが大前提になります。

失敗をポジティブに解釈する

失敗は悪だとか、失敗したらしんどくなるとか、失敗というワードに対してネガティブに解釈する人は少なくないと思います。一方、失敗することはかっこいい、深みが出るといったふうに、ポジティブな解釈をする人もいる。

つまり、失敗というワードに対する解釈は、人によって異なります。そして、決断できる人というのは、失敗をポジティブに解釈しているんです。

お笑い芸人のキングコング・西野亮廣《あきひろ》氏も言っていますが、たとえ失敗しても後で成功すれば美談になるとか、ギャグになるというのは本当にその通りで、決断できる人間ほど本気でそう思っています。

何かの挑戦や決断をする時「失敗したらどうしよう」と頭に浮かぶと思います。100人いたら100人がそうなるでしょう。ただ、その時、頭に浮かんだ失敗のイメージをどう解釈するのかが分かれ道です。

「見方を変えれば、失敗なんてものは存在しない」

とプラスに解釈していくことが、決断できる人間の考え方です。

本当の正解なんて誰にも分からない

「判断」と「決断」の違いについてお話しします。

判断というのは、データや情報を収集、分析した上でどちらがどうだと考えを定めること。そして、決断というのは、自分の行く道を決めて行動することです。順序としては、判断→決断という流れですね。

頭の中ではこっちがいいと分かっているけど決められないという状況は、判断はできていても、決断には至っていないということです。もちろん、決断をしなければ意味がありません。

では、決断するためにはどうしたらいいか。それは、判断を甘く見ることです。

たとえば、トヨタの株が明日上がるか、起業して成功できるのか、この人と結婚して50年後の自分は本当に幸せなのか、おそらく現時点で誰にも分からないことだと思います。

世の中のほぼすべてのことが、現時点では正解が分からないんです。

決断できる人間ほど、判断なんてしても仕方がないという、この本質を知っています。

簡単に言うと、「こんなんどれだけ考えても、答えなんてないわ」と思っていて、判断というものを甘く見ているという話です。

決断できない人間ほど、答えがないことに対して一生懸命判断しようとしているんですね。これが、決断できない理由です。

私もよく「野村證券の看板を外して、フルコミッションの保険営業マンとしてやっていける自信があったんですか？」と聞かれるんですが、「根拠なき自信で決断しただけです」といつも答えています。

たとえば、そこで個人事業主としてやっていける可能性について、確率はどうか、どのぐらい見込みがあるのかなど、細かく判断をしていたら、ビビッて決断できなくなっていたかもしれません。

現時点で正解が分からないことに関しては、考えずにただ決断するだけというのが本質です。

37 いい営業マンを見分ける方法

10人いたら8人はクソな営業マン

2019年、かんぽ生命の不正契約問題が発覚しました。長年にわたって、お客様に不利益な乗り換え契約や、二重払いなどの詐欺まがいな契約を繰り返してきたそうですが、ここまでいかなくても、お客様を削りに行く営業というのは実際少なくありません。

10人いたら8人はクソな営業マンだと思います。会社や自分の利益を第一に考えて行動しているのが、ぶっちゃけ8割だと思うんですね。

だから、**お客様にとって大事なのは結局、残りの2割の営業マンを探すこと**です。

では、どういう観点でいい営業マンを引き当てるのか、探すのか。そこの判断基準についてお話しします。

そもそも、お客様のためになる提案をして、商品を契約させる2割の営業マンが正義で、8割の営業マンが悪人なのでしょうか。

たとえばかんぽ生命の例で言うと、営業マンは結局はかんぽ生命から給料もらっているのだから、かんぽ生命のために仕事をして、かんぽ生命にとにかく利益を落とすという考えはある種当たり前。

もっと言えば、たとえ目の前のお客様が損をしてぐちゃぐちゃになろうとも、企業が潤ったほうが日本経済が回るという考え方もあるんですね。目の前ではなく、トータルで見るとそのほうが幸せになる人が多いという。そういう考えでやっている大手企業もあると思います。かんぽ生命の「保険金支払い拒否」や「保険料の二重払い」は当然アウトではありますが、結局は、どこに正義を置くのかという話なんです。

二つの質問で見分けろ

とはいえ、もし私が消費者の立場で家を買うことになったら、「日本経済ではなく、こっちを見てよ」という気持ちになると思うので、やっぱりお客様の立場に立ってくれる、2割の営業マンを選びたいです。

その、いい営業マンの見分け方なんですが、次の二つの質問をするだけである程度は分かります。

「なんでその仕事してるんですか？」

「どういう思いで営業をしているんですか？」

この二つです。これに対する回答パターンは様々ですが、たとえば「たまたま新卒で○○生命にお世話になったので、ここで働いています」とか「一応年収が高い会社に内定できたので、やってます」みたいなパターン。

結論、これはノーです。

結局、自分に意志がなく、会社から出されたノルマを消費するために行ってこいと言われているだけ。

次に、そもそも答えられないというケース。もちろんこれもノーです。

もう一つよくあるのが、「お客様のために毎日仕事しています」とか、「保険業界をよくするために頑張っています」みたいな、超抽象的なことをかます奴。

そういった回答が来た場合は、**「じゃあ、どうなることがお客様のためになることだと**

思います？」とか**「どうなることが保険業界にとっていいことなんですか？」**とさらに突っ込んでいって、その反応を見てください。

商品ではなく人を見ろ

ぶっちゃけ、いい営業マンかどうかなんて、そんな簡単に判断できないと思うんです。きっと、私が見ても分からないので、一般のお客様だとなおさら難しいでしょう。

だから、そういう質問をすることで、その人なりの思いとか考えていることを引き出して、その人を信用できるかを自分なりに判断するしかないわけです。

私が言いたいのは、つまり商品の良し悪しではなく、人で選ぶべきということ。

一般の方のほとんどが、たとえばこのAという商品を見て騙されていないか悩むと思うんですが、これは間違い。商品についてはまあこんな感じかって思いつつ、8〜9割ぐらいはこの人どうかな、とそこを突き刺したほうがいい。

経験上、経営者の方は9対1で、商品ではなく人を見ています。提案資料を見てるフリをして、「お前、この仕事やっていてどう？」「なんで保険屋になったの？」「どうなりたいの？」と質問を投げて品定めして、見込みのある人間だと認めたら、「じゃあ、これでいこう」で契約して終わり、みたいな感じです。

完全にその時の営業マンの雰囲気や発言を見て、そこで任せるか任せないかを品定めしているんです。鋭いんですよね。

これは消費者サイドから見た、いい営業マンの見分け方をお教えしていますが、逆に営業マンサイドで考えたら、当然ですが、なんでこの仕事をやっているのかを常に考えて、自分なりの回答を持っておく必要があるということです。

38 会社の看板を外しても、お客様はついてくる

就職するなら「安定した会社」がいいだとか、結婚するなら「安定している人」がいいだとか、このようなことを言う人がたくさんいます。そもそもこの「安定とは何ぞや?」というところを、少し突っ込んで考えてみたいと思います。

たとえば、大企業の正社員と、常連のファンがたくさんついているバーのマスターがいたとして、どちらが安定していると思いますか?　私の感覚だと、後者のマスターのほうが安定しています。

その理由は、そのマスター個人にファンがたくさん紐づいてるからです。もし何かしらの理由でバーが閉店したとしても、マスターが違う仕事を始めれば、そのファンたちがついてくるので、おそらく成功すると思います。

このように、**安定とは肩書きや所属している会社ではなく、個人に紐づいたお客様の数である、**というのが私の持論です。

バーのマスターは自営業だから、病気で仕事を休まなければいけなくなったら終わりだと思う方もいると思います。だから、大企業の社員のほうが安定しているはずだと。

たしかに、仮にバーのマスターが病気で1年間仕事ができなかったとしたら、収入はゼロになります。でも、それだけの人脈をつくれるということは、友達関係にもしっかりとした人脈があるはずなので、不測の事態となれば周囲からの支援を受けられると思います。

お客様を会社でなく個人に紐づけろ

私が野村證券を辞める時、上司から「転職するなら上場企業にしとけ。個人事業主のフルコミッションなんてリスクが高すぎる」と、こう言われたんですね。

言いたいことは分かるのですが、所属している会社が大きくなってしまうと、お客様は会社に紐づいてしまいます。会社の肩書きがないほど、個人に紐づいて安定すると私は本気で思ってるので、そのところの考えが私とは逆でした。

では、逆に「不安定な人」とはどういう人でしょうか。

私が思うに、自分で仕事を生み出すことができないから、会社に依存するしかないという状態にある人です。常に受動的で、一生会社に飼い殺される可能性があります。でも、選択肢がないのでそこに依存せざるを得ないのです。

どうすれば、属人的に仕事ができるようになるのでしょうか。その答えは「意識」にあります。会社ではなくて、個人に紐づけようとする意識を持つことが大切なのです。

私は今保険の営業マンをやっていますが、お客様に「保険の宋」というイメージを持たせることを意識して面談しています。大企業の社員のように**「○○株式会社の宋」というのではなく「保険の宋」と個人に紐づける意識でやっているん**ですね。

なので、基本的には電話でも「保険の宋です」と言いますし、おそらく私のお客様も「保険の宋さんね」という感じで覚えてくれているはずです。

もう一つ例を出すと、私がやっているYouTubeのタイトルを『金融営業ちゃんねる』にしようかという案が最初に上がっていたんですね。でも、私はその意見に即座にノーを突きつけ、『宋世羅の羅針盤ちゃんねる』で行くと主張しました。

『金融営業ちゃんねる』にしてしまうと、金融や営業のノウハウだったりデータみたいなところに視聴者が紐づいてしまう可能性があって、それが嫌だった。最初の伸びは多少悪くなるデメリットがあったとしても、宋世羅という名前に視聴者を紐づけたい意識があったし、そうじゃなければ意味がないと思ったんです。

お客様を個人に紐づけようと意識をすると、自然とプロ意識も生まれてきます。もっとスキルを磨かないといけないと考えるので、自分も成長していけるのです。

大企業のサラリーマン営業であっても、契約がもらえた、もらえないという浅い観点だけではなく、この契約は会社の肩書きのおかげなのか、それとも自分に紐づいた契約なのかということは、絶対に考えたほうがいいと思います。

すべての仕事を、自分個人の名前に紐づけようと意識することが安定に繋がるし、自信にもなる。そうやって仕事をしたほうが、結果が出た時も嬉しいし、何より楽しくなると思うんです。

終身雇用が崩壊して実力社会と言われる今、所属している会社名や肩書きが安定になるというのは、ちゃんちゃらおかしい。会社の看板を外した時に、自分がどれだけの仕事を生み出せるか、それが安定だと私は思います。

39 会社での経験なんて一歩出ればガラクタになる

転職・独立の時に考えるべきこと

同じ仕事を続けていると、転職や独立を考えることは少なからずあると思います。転職や独立をした後の話ではなく、その前段階となる自分が進むべき進路を決める時に考えてほしいことがいくつかあるので、お伝えしていきます。

まずは、過去のやり方を捨てるつもりでやれということ。

どういうことかと言うと、人間は自分の生き様を肯定したいので、これまで自分が得た知識ややり方を活かそうとするんですね。

私の体験談ですが、野村證券を辞めて保険営業に飛び込んだ時に、保険業界の上司が保険の売り方や知識の研修をしてくれるという話があったんです。

ただ、当時の私は視野が狭かったし、イキってもいたので、ぶっちゃけまともに話を聞かなかった。証券営業マンの時代から保険はバキバキに売っていたし、自分の中でもかなり得意だと思っていたので、今まで通りやれば売れると甘く見ていたわけです。

しかし、保険営業マンになって最初の数件が連続で決まらなかった。自分の中ではむちゃくちゃ感触がいいのに、最後の最後でなぜか契約にならない。頭の中はクエスチョンマークが飛びまくっていました。


これをスポーツにたとえると、**プロ野球選手が自分はバッキバキにバッティングで打てるから、ゴルフでも簡単に飛ばせるでしょと甘く見て、実際にやってみたら全然前に飛ばなかった、**みたいなイメージです。

私はそこで、同じ金融の営業でも、証券マンとして保険を売るのと保険営業マンとして保険を売るのは全然違うことに気づき、その上司に半泣きで頭を下げて、改めて保険営業マンとしての保険の売り方についてゼロから教えを請うことになったわけです。

何が言いたいかというと、人はどうしても、自分の過去の実績や方法論を美化して活かそうとしてしまうけど、それは危ないということ。過去にやってきたことを活かせる部分はあるかもしれないですが、基本的にはゼロからやる心づもりで挑んだほうがいいのです。

自分の勝てるところで勝負すればいい

次に、自分の勝てるところで勝負しろということ。

業種は色々ありますが、営業が得意な奴は営業をやったほうがいいし、営業が不得意な奴は違う業種に行ったほうがいいというのが私の考えです。

「うちの会社で結果を出せない奴は、よその会社に行っても通用しない」

といった大企業のおっさんの口ぶりは、みなさんも3000万回くらい耳にしたことがあると思いますが、これは完全に驕《おご》っているし、イキりすぎ。

自分が会社で学んだことが外でも活かせる普遍的なものだと思い込んでいるわけですが、そんなものは一歩外に出ればガラクタになるということが分かっていない。全くセンスのない発言です。

私の同期に野村證券を入社半年で辞めた奴がいるんですが、そいつはＩＴ分野で起業して成功し、今バキバキに金持ちになっています。一方で、野村證券で死ぬほど結果を出した営業マンが、満を持して歩合制の保険営業に転職して、ボロボロに死んでいるケースもある。

注意しないといけないのが、新卒で保険会社に就職して営業を始めたけど、上手くいかなかったというパターンです。そこで結果が出なかったからといって、それで「自分は仕事ができない」とレッテルを貼ってしまってはいけません。

営業は数ある職種の一つでしかないし、保険も色んな商品がある中の一つにすぎません。それは、その保険会社の営業ルールに従った中で結果が出ていないというだけの話なんです。たとえるなら**「僕、木琴が弾けないんで人間として終わってます」と言うのと同じレベルです。**

たまたまその業種や職種で結果が出なかったとしても、それだけで「仕事ができない」とレッテルを貼らずに、自分の勝てる場所を探して勝負していけばいいのです。

あとがき

今営業をやってる方々の多くは、新型コロナウイルスの影響で訪問件数が減ったり、オンライン商談や電話でヒアリングすることが増えるなどして、お客様と会う回数自体は減っているのではないかと思います。しばらくはこの流れが続くかもしれないという状況の中、営業マンにはどういう能力が求められるのか。

これは、逆張りでもポジショントークでもなく、素で思っていることですが、結論、大事になってくるのは「対面営業力」です。ここからが逆に「ドブ板対面営業マンの時代」なんじゃないかなと思っています。

これは商材によると思いますが、特に証券や保険のような形のない分かりづらいものって、一般のお客様がネットで調べれば調べるほど分からなくなるんです。

オンライン商談のデメリットは、予定調和で、レールに沿った中での会話になりやすい。そして何より、思っていることが伝わりにくい。体感として、伝わる情報は対面営業の6割くらいではないでしょうか。

本編でも書いていますが、お客様にとっての思いがけない発見や、気づいていなかったニーズの喚起は対面特有のもので、その場の空気感や流れから生まれます。

つまり、これからオンラインが普及すればするほど「やっぱり対面がいい」という流れになります。おにぎりの具で、意味分からん新商品の「〇〇マヨネーズ」を食べてみたけど、結局、シャケが一番旨いやろ、みたいなことです。

なので今、訪問がしづらくなったり件数を絞られたりしている中で、少ない打席で、いかにお客様にいい話ができるか。営業マンとしての戦闘力の肌感を相手にいかに伝えられるかどうかが、これからは勝負になってくるというのが私の持論です。

これまで書いてきた通り、対面のドブ板営業に綺麗事は通用しません。私がこれまで泥水をすすりながら実際の営業現場で身につけてきたノウハウや精神論が、本書を手にとってくださったみなさまのお役に立てばなによりです。

宋 世羅

宋　世羅（そん・せら）

1989年生。大阪府出身。早稲田大学野球部を経て、野村證券入社。証券営業マンとして社内表彰多数。4年間勤務の後、独立し、現在はフルコミッション（完全歩合制）の保険営業マン。一般人から超富裕層まで資産運用、資産形成、保険相談1500件以上。2020年2月よりYouTube「宋世羅の羅針盤ちゃんねる」にて保険、株、投資信託、貯金、営業などのノウハウを、現役のプロとして発信。チャンネル登録者数は12万人超（2020年10月時点）。

ヨイショする営業マンは全員アホ

2020年12月4日　第1刷発行
2020年12月15日　第2刷発行

著者	宋 世羅
発行者	大山邦興
発行所	株式会社飛鳥新社
	〒101-0003
	東京都千代田区一ツ橋2-4-3 光文恒産ビル
	電話（営業）03-3263-7770
	（編集）03-3263-7773
	http://www.asukashinsha.co.jp
ブックデザイン	小口翔平＋大城ひかり＋阿部早紀子（tobufune）
ライティング	森野広明
撮影	中村光博
校正	麦秋アートセンター
印刷・製本	中央精版印刷株式会社

落丁・乱丁の場合は送料当方負担でお取り替えいたします。
小社営業部宛にお送りください。

ISBN978-4-86410-792-1

編集担当　杉山茂勲